Tori Amos

widerstand

tori amos

widerstand
hoffnung, wandlung und mut

DIE GESCHICHTE
EINER SONGWRITERIN

Aus dem amerikanischen Englisch von Alan Tepper

hannibal

Über die Autorin

TORI AMOS ist eine Grammy-nominierte Singer/Songwriterin, Pianistin, Komponistin. Sie hat 15 Studioalben veröffentlicht, darunter ihr letztes, *Native Invader*, welches 2017 erschien.

Impressum

Deutsche Erstausgabe 2020
© 2020 by hannibal

Hannibal Verlag, ein Imprint der KOCH International GmbH, A-6604 Höfen
www.hannibal-verlag.de

ISBN 978-3-85445-692-6
Auch als E-Book erhältlich mit der ISBN 978-3-85445-693-3

Titel der Originalausgabe: RESISTANCE – A SONGWRITER'S STORY OF HOPE, CHANGE, AND COURAGE
© 2020 by Sword and Stone Publishing, Inc
ISBN Hardcover: First Atria Books 978-1-9821-0415-3
ATRIA Books and colophon are trademarks of Simon & Schuster, Inc., USA

Cover Design © David Gee
Grafischer Satz in deutscher Sprache: Thomas Auer, www.buchsatz.com
Übersetzung aus dem amerikanischen Englisch: Alan Tepper
Deutsches Lektorat und Korrektorat: Dr. Matthias Auer

Printed in Germany

widerstand

Für Mary Ellen Copeland Amos
1929–2019

EINLEITUNG

IN MEINEM NEW YORKER Apartment steht eine Skulptur mit dem Titel *Auflehnung*. Sie stellt eine Frau mit wehendem Haar dar und ist türkisfarben. Sich in Opposition zu etwas zu befinden, bedeutet gleichzeitig, eine Machtposition zu besetzen. Es ist nicht reaktionär. Die Auflehnung kann aktiver Natur sein und die Entstehung von etwas Neuem befördern. Du willst nicht länger mehr die Opferrolle spielen. Du willst eine eigene Überzeugung vertreten. Um das klarzustellen: Wir leben in einer Zeit der Krise. Einer nie zuvor da gewesenen Krise.

Es scheint, dass wir in jedem nur erdenklichen Bereich mit dunklen Kräften konfrontiert sind, die darauf abzielen, uns zu spalten, als die eine Welt, als Länder, als Menschen, als Künstler und als Schöpfer. Das beschränkt sich nicht auf die politische Sphäre, denn alles ist politisch geworden. Das reicht vom Oval Office, vom Parlament und dem Kreml über Aufnahmestudios und die Label, die sie mit Personal ausstatten, bis hin zu Schulen und Konservatorien, Stadthallen und Hauptstraßen sowie den Ozeanen und ihren Stränden. Diejenigen, die uns zu kontrollieren wünschen, freuen sich, aus jeder sich ihnen bietenden Möglichkeit Nutzen zu ziehen, um unsere Freiheit einzuschränken, unsere Unabhängigkeit, die Vielfalt unseres künstlerischen Ausdrucks und die Bewahrung der Natur.

Jemand wie ich, der seit beinahe 40 Jahren in der Musikindustrie tätig ist, der reiste und vor ganz unterschiedlichen Menschen auftrat, hatte das Privileg, die Geschichten vieler auf der ganzen Welt zu hören. Dadurch hat sich bei mir ein Gefühl dafür entwickelt, wie schrecklich alles geworden ist. Doch gleichzeitig entstand bei mir durch diese Erfahrungen ein noch stärkeres Gefühl für den Widerstand, die Gegenwehr und die Einsicht, wie wir tief in uns die

Kapazität nicht nur für die notwendige Resilienz finden, sondern auch für die „Heilung" und für das erfolgreiche Überstehen dieser wohl schwierigsten aller Zeiten. Die Erkenntnis, wie wichtig die Rolle des Künstlers in einer Gesellschaft ist, wurde mir dadurch plastisch vor Augen geführt. Auf eine bestimmte Art offenbarte sich mir ein Verständnis dessen, welch bedeutsame Rolle der Künstler in unserer Gesellschaft einnimmt – und wie wichtig es ist, dass wir diese Sphäre mit Intelligenz und Leidenschaft verteidigen.

Auf den folgenden Seiten beschreibe ich meine Reise, um die Rolle einer Künstlerin in der Gesellschaft zu untersuchen, einzuschätzen und dann neu zu bewerten. Damit zeige ich uns einen nach vorn gerichteten Weg auf, während wir uns dazu entschließen, den dunklen Mächten zu widerstehen. Den Mächten, die uns unterwerfen wollen, statt uns weiterzubringen, statt dem Besten tief in uns eine Stimme zu verleihen. Es ist eine Aufgabe, um darauf hinzuweisen, dass die Gegenwart tatsächlich ein *Jetzt oder nie* fordert. Die Aufgabe besteht darin, die Macht der Musen zu erkennen, die stärksten unserer kreativen Impulse, damit wir vielleicht diese aktuelle Krisensituation in eine hoffnungs-, ja verheißungsvolle Zukunft transformieren können.

Begleite mich auf diesem Pfad des Widerstands dem Pfad der Kunst, die uns befreien wird.

GOLD DUST

Sights and Sounds
pull me back down another year
I WAS HERE
I WAS HERE
Whipping past
the reflecting pool
me and you
skipping school

and we make it up
as we go along
we make it up as we go along

You said –
you raced from Langley –
pulling me underneath
a Cherry Blossom
canopy
– DO I HAVE –
of course I have,
beneath my raincoat,
I have your photographs.
And the sun on your face
I'm freezing that frame

ι ι ι

and somewhere Alfie cries
and says
„Enjoy his every smile
you can see in the dark

through the eyes of Laura Mars"
– How did it go so fast –
you'll say
as we are looking back
and then we'll
understand
we held Gold Dust in our hands

Sights and Sounds
pull me back down another year
I WAS HERE
I WAS HERE
Gaslights
glow in the street
Twilight held us
in her palm
as we walked along

and we make it up
as we go along
we make it up as we go along

///

letting names
hang in the air
what color hair
Autumn knowingly
stared
and the day that
she came
I'm freezing that frame
I'm freezing
that frame

and somewhere Alfie smiles
and says
„Enjoy her every cry
you can see in the dark
through the eyes of Laura Mars"
– how did it go so fast –
You'll say
as we are looking back
and then we'll understand
we held Gold Dust
in our hands
in our hands
in our hands

„*GOLD DUST*" führt mich für gewöhnlich zurück nach Washington, D.C. Der Song bezieht sich auf verschiedene Jahrzehnte.

Die Sechziger, in denen der Film *Alfie* veröffentlicht wurde, dem Jahrzehnt, in dem ich zur Welt kam.

Die Siebziger, in denen ich während der Regierungszeit der Demokraten die Schule sausen ließ und in den Bars der Stadt Klavier spielte und bei Parteitagspartys.

Die Achtziger, in denen ich immer noch in Piano-Bars spielte, doch nun drei Blocks vom Weißen Haus entfernt, während der Regierungszeit der Republikaner.

Die Neunziger bis in die Gegenwart, wobei der Song verschiedene Schnappschüsse liefert, als ich während zweier Regierungen in D.C. Konzerte gab, im Frieden und im Krieg.

Die Geschichte von „Gold Dust" begann im Jahr 2000, als ich mit meiner Tochter Tash schwanger war. Das Stück wurde also ungefähr 20 Jahre nach meinen Teenagerjahren geschrieben, einer Zeit, in der ich mich von einem Mädchen in eine junge Frau verwandelte, die in Hotel-Lounges spielte, nur wenige Blocks vom Weißen Haus entfernt. Doch ich benötigte noch weitere 18 Jahre im Anschluss an die Komposition – es war an Tashs 18. Geburtstag –, um die darin verborgenen Momentaufnahmen zu erkennen und das, was sie in meinem damaligen Leben anstoßen wollten.

Während ich Tash beobachtete, die zu einer jungen Frau geworden war, tauchten vor meinem geistigen Auge die deutlichen Erinnerungen an diesen Tag vor 18 Jahren wie in Echtzeit auf. Vor diesem Septembertag 2000 hatte ich einige schwierige Monate erlebt. Wegen meiner gesundheitlichen Probleme riet man uns dazu, unser Haus in Florida zu verlassen und für einige Monate nach D.C. zu ziehen. Da ich eine Risikoschwangerschaft hatte, musste ich der Einschätzung meines Arztes folgen. Und so wurde der Samen von „Gold Dust" gesät, noch bevor Tash und ich unser Zuhause verließen. Der Song diente gleichzeitig als Portal für den Umzug von Florida nach D.C., und die Stimme meines Teenager-Ichs wies mir den Weg.

Mein früheres Ich nahm meine Hand, während wir auf dem Weg zu den Ärzten die Straßen von Georgetown am Potomac River entlanggingen. Als wir das Lincoln Memorial passierten, meinte es: *Wir waren schon einmal hier … Du magst dich vielleicht nicht an alles erinnern, was hier geschah, an das, was wir hörten und sahen. Das ist in Ordnung. Du machst dir Sorgen um die Geburt deiner Tochter. Das kann ich mir gut vorstellen. Dieser Ort wird dir noch vertrauter vorkommen, nachdem ich dich an die Zeit erinnert habe.*

Im Laufe der Jahre bin ich meinem Teenage Guide oft begegnet – meist in einem „Wie bin ich nur hierhergekommen?"-Moment – und die Antwort der Musen ist immer die gleiche: *Folge den Fäden, die in den „Song-Beings" eingewebt sind. Sie werden dich dorthin leiten, wohin du gehen musst. Und sei offen gegenüber allen Song-Beings, die zu dir kommen, nicht nur gegenüber denen, die du persönlich vorziehst.*

„Gold Dust" führt mich in der Zeit zurück, wobei mein Teenager-Ich mich leitet, während ich das hier zu Papier bringe.

1977

Als ich 13 Jahre alt war, einige Monate vor meinem 14. Geburtstag, brachte mich mein Vater nach Georgetown, um mich für einen professionellen Job zu bewerben, bei dem ich Klavier spielen und singen wollte. Es ist unumstritten, dass in den Adern meines Vater, Reverend Edison McKinley Amos, schon bald Rev. Dr. E. M. Amos, mehr als nur eine kleine Dosis Mama Rose (die berühmt-berüchtigte Mutter aller Bühnen) pulsierte.

Obwohl er Geistlicher war, stellte er auch eine beharrliche pragmatische Kraft dar, auf die man sich verlassen konnte – besonders, wenn du seine Tochter im Teenager-Alter warst. Ich werde niemals das Resümee meines Lebens vergessen, das er mir predigte, während wir an jenem milden Nachmittag durch Georgetown fuhren. Meine Mutter besuchte Verwandte in North Carolina, und meine älteren Geschwister hatten das Nest schon verlassen. So fuhren also nur wir zwei auf der steinigen Straße der Buße, während mir der gute Reverend meine Erlösung vor Augen führte.

♪ ♪ ♪

Die Predigt begann, als wir aus der Einfahrt des Pfarrhauses bogen, die im Schatten der Good Shepherd United Methodist Church lag. Man hatte meinen Vater als Hirte dorthin berufen, der seit 1972 über seine Schäfchen wachte. Die persönlich auf mich zugeschnittene Ansprache verlief ungefähr so …

Myra Ellen, wie Jonas im Alten Testament hast du dich geweigert, den göttlichen Plan zu erfüllen, der dir im Alter von zweieinhalb Jahren auferlegt wurde. Man vertraute dir das Talent für die Musik an, noch bevor du sprechen konntest. Der Weg war gewiesen, als man dich als jüngste Musikerin im Alter von fünf Jahren am Peabody Conservatory aufnahm. Gott offenbarte mir eine Vision von dir – ein Konzert gebend, im Alter von 13 Jahren. Doch wie Jonas kehrtest du der dir von Gott aufgezeigten Mission den Rücken. Wegen deiner rebellischen Aufsässigkeit gegenüber den Professoren, der Respektlosigkeit gegenüber klassischer und sakraler Musik und deiner frechen Einstellung wurdest du im Alter von elf Jahren aus dem Konservatorium geworfen. So wie ich es sehe, ertrinkst du nun in einem selbstzerstörerischen Meer der Durchschnittlichkeit. Nach dem Verrat an Gott und seinem Versinken im Meer, verbrachte Jonas drei Tage im Bauche des Wals. Du hast drei Jahre damit verbracht, dein Potenzial zu ignorieren. Und so hat Gott mir aufgetragen, dich nach Georgetown zu bringen, wo er uns zu einem Ort leiten wird, an dem du Musik machen und dein Handwerk erlernen kannst. Es mag gemessen an deinen Fähigkeiten eine kleinere Bühne sein, aber Gott wird sie bereitstellen.

Mein Vater offenbarte seinen Glauben durch die steife, weiße Halskrause, unter der ein Kreuz am Kragenaufschlag angesteckt war, und ich trug ein Kleid meiner Schwester sowie Plateaustiefel. Gemeinsam stellten wir uns in jedem Restaurant und jeder Bar an der M Street vor. Nach vielen Stunden mit Absagen – die Sonne war schon untergegangen –, meinte ich schließlich: „Schau, Dad, danke für deine Hilfe, aber offensichtlich gibt es für uns hier keinen Platz. Können wir nicht einfach nach Hause fahren? Wir müssen ja niemandem was davon erzählen." Mit einem gequälten, aber fest entschlossenen Ausdruck in den Augen antwortete er: „Elly, mein Gott wird uns nicht verlassen." Bei der offensichtlich allerletzten Bar in Georgetown, Mr. Henry's in der Wisconsin Avenue, sprach mein Vater einen knallhart aussehenden Typen an der Tür an. Der Kerl bat uns zu warten, während er den Manager holte. Nachdem mein Vater erklärt hatte, dass er hoffe, für mich eine Auftrittsmöglichkeit zu finden, willigte der Besitzer mit Blick auf einen Versuch ein. Wenn ich was tauge, dürfe ich für Trinkgeld spielen.

In der Bar hockten nur männliche Gäste. Ich spielte einige Songs auf dem Klavier, wonach sich die Männer Stücke wünschten und Dollars in den Kognakschwenker legten, den jemand auf das Klavier gestellt hatte. Meist wurden aktuelle Nummern verlangt, mit einer Tendenz zu Musical-Stücken. Wenn ich einen Song nicht kannte, notierte ich mir den Titel und versprach, ihn bei einer möglichen Einladung am nächsten Wochenende zu spielen. Ich wollte ihn lernen und für den Gast aufführen, wenn er wieder erscheine. Nachdem ich mich in meiner neuen Rolle eingelebt hatte, warf ich einen verstohlenen Blick zu meinem Vater. Die weiße steife Halskrause war ein wahrer Eisbrecher, da die Gäste zuerst annahmen, er trage ein Kostüm. Als sich die Nachricht verbreitete, dass er tatsächlich Prediger und ich seine Tochter sei, machte sich Neugierde breit. Man vermutete eine Notlage und gab uns ernst gemeinte Ratschläge. Einige der Männer sahen wie Holzfäller aus, andere wie John Travolta in *Saturday Night Fever* und manche wie Diakone in einer Kirche oder Kongressabgeordnete, die man sich im Fernsehen anschaute. Nachdem ich einige Stunden gespielt hatte, freuten sich Dad und ich darüber, dass man uns für den folgenden Freitagabend einlud.

Wir erlebten Mr. Henry's nicht als einen „Sündenpfuhl voller Abtrünniger", wie ihn manche von Dads Gemeindemitgliedern abwertend nannten. Als einige von der Schwulenbar erfuhren, in der man uns eine Chance gegeben hatte, warnten uns die guten Christen, dass wir gemeinsam mit den Homosexuellen in den feurigen Strömen der Hölle verbrennen würden. Ich fühlte mich richtig stolz wegen der Antwort, die mein Vater dem Pöbel daraufhin gab: „Es gibt keinen sichereren Platz für ein 13-jähriges Mädchen als in einer Schwulenbar." Amen, Dad.

DEVILS AND GODS

Devils and Gods
now that's an idea
But if we believe
that it's they who decide
that's the ultimate
detractor of crime
'cause Devils and Gods
they are you and I
Devils and Gods
they are you and I
Devils and Gods
safe and inside

1979–1980

Das Publikum hatte sich verändert.

Meine Rolle als Happy-Hour-Pianistin sollte nur noch einen schnellen Handschlag untermalen, also einen Vertragsabschluss. Das Management machte mir unmissverständlich klar, dass es *nicht* mein Job sei, die arbeitenden Besucher abzulenken. Die Lounge war im Grunde genommen ein zweites Büro außerhalb des Büros und kein Ort für eine Chanteuse, um ein Abendprogramm zu singen, damit sich die Zuhörer weniger einsam fühlten. Das war für die After-Hours-Setlist reserviert, wenn man die Lautstärke des kleinen Amps hochfahren durfte und der Job darin bestand, den Gästen Gesellschaft zu bieten, während sie ihren Schlummertrunk zu sich nahmen.

Zur Happy Hour schmiedete man hingegen Deals. Obwohl ich die Details nicht erfuhr, war mir bewusst, Zeuge von etwas Geheimnisvoll-Dunklem zu sein, das dort vor sich ging. Zeuge eines Krieges von Ideen, die man durchsetzen wollte. Irgendwo zwischen „As Time Goes By" und „Mean To Me", einer Überblendung zu „Send In the Clowns", gefolgt von „Don't Cry For Me, Argentina" bis hin zu „My Way" wurden strategische Manöver von Vertretern der Politik durchgespielt, Lobbyisten und Beratern der großen Firmen und der Ölbranche sowie von Bankern, die eine Dividende von ihrem Investment in einen Politiker erwarteten.

Natürlich fanden sich auch Intellektuelle ein, die man leicht erkannte. Einige von ihnen wurden von der Macht und dem Geld hinter den Think Tanks und den Stiftungen angelockt, die schneller aus dem Boden schossen als Feuerameisen-Kolonien in Florida. Wirtschaftliche Kriegszentralen, getarnt als Büros, wurden an und in Nähe der K Street hochgezogen. Das Establishment, für das ich spielte, verbot der Belegschaft, die Meinungen der Gäste infrage zu stellen. Die Kellner warnten uns, dass die Manager nach Rebellen in unseren Reihen Ausschau hielten.

Niemand lachte oder zuckte mit der Wimper, wenn das Piano mit „Smoke Gets In Your Eyes" den immer dichter werdenden Rauch von Zigaretten oder Zigarren durchdrang. *Keine Sorge, Sir: Ich werde gegenüber keinem ihrer Gäste ein Sterbenswörtchen über „Big Oil" verlieren.* Doch Teenager werden immer Teenager sein. Während des späten Nachmittags, wenn man von mir verlangte, den Geschäftemachern keine störende Musik zu servieren, konnte ich mich nicht zurückhalten, eine Variation des Themas von Rickie Lee Jones' „Last Chance Texaco" aufzutischen. (Das machte leider niemanden schlauer. Ich kannte mein Publikum.) Als Jones das Stück 1976 auf den Markt brachte, war es keineswegs kämpferisch ausgerichtet, doch Songs können eine ganz eigene Bedeutung entwickeln, und so stellte es meinen stillen Protest dar – zur Untermalung der Champagner-Toasts der Lobbyisten des „Big Oil".

Während der damaligen Zeit entwickelten sich delikate politische Diskussionen, die einige der dringendsten kulturellen Konflikte des Landes betrafen. Im Alter von 17 Jahren spielte ich an einer Brutstätte des konservativen Denkens auf seinem Weg zur Macht.

Einer meiner Bosse meinte zu mir: „Die ganze Szene hier ist so sexy, wie es nur geht."

Doch für mich sahen die alle alt aus: „Ich kann nur Rauch riechen", lautete meine Antwort.

Er entgegnete: „Und ich rieche nur das Geld."

Die Reise einer jungen Künstlerin besteht aus mehreren Komponenten. Darunter ist nicht zuletzt die Art und Weise, wie sie ältere Menschen sieht, wenn Themen wie Moral und Verantwortung zur Sprache kommen. Es war kein Zufall, dass ein Vater wie meiner – der christliche Konventionen beiseiteschob, die mich aufgehalten hätten, eine schwule Klientel zu unterhalten oder bei Veranstaltungen aufzutreten, bei denen ich mein Klavierspiel mit unterschiedlichsten Gäste teilte – mich letztendlich zu einem Job führte, bei dem ich die Interaktionen von Menschen mit großem Einfluss beobachten konnte.

Ähnlich wie eine Schwulenbar der sicherste Ort für ein 13-jähriges Mädchen schien, war eine Hotelbar in der Nähe des Weißen Hauses der aufschlussreichste Ort für eine junge Frau im Teenager-Alter. Hier wurde man Zeuge der Schiebereien und der Geschäfte angeblich moralischer Männer, von denen einige das Fundament für eine kompromittierte Zukunft legten.

LITTLE EARTHQUAKES

Yellow Bird flying get shot in the wing
good year for hunters and Christmas parties
and I hate
and I hate
and I hate
elevator music
the way we fight
the way I'm left here silent
oh these little earthquakes
here we go again
these little earthquakes
doesn't take much to rip us into pieces

we danced in graveyards with vampires till dawn
we laughed in the faces of kings never afraid to burn
and I hate
and I hate
and I hate
disintegration
watching us wither
black winged roses that safely changed their color

≀ ≀ ≀

I can't reach you
though I feel you in my head
I can't reach you
though I know you're in my head
I can't reach you
I can't
reach
you

give me life give me pain give me myself again
give me life give me pain give me myself again
give me life give me pain give me myself again
give me life give me pain give me myself again
these little earthquakes
here we go again
these little earthquakes
doesn't take much to rip us into pieces

EINE LANGE ZEIT ÜBER mochte ich es ganz und gar nicht, dass sich mir bestimmte Songs erst dann zeigten, wenn sie mir vertrauten – also erst, wenn ich dazu bereit war, sie zu meistern. Einige fordern von mir die Bereitschaft, das Thema so lange zu recherchieren, bis ich zum Kern vorgedrungen bin. Andere wollen erst dann mit mir arbeiten, wenn ich die Emotionen selbst durchlebt habe, für die sie stehen und die sie offenlegen. Die Belastung des Verstehens und die damit verbundenen Konflikte können schwierig werden. Die Wunden mögen tief sein – und sie waren es sicherlich beim Schreiben von „Little Earthquakes".

Ich habe das Stück bei vielen meiner Konzerte aufgeführt – als Antwort auf Konflikte, um mir über meine Rolle dabei klarzuwerden oder meine Reaktionen, egal wie schmerzhaft sie gewesen sein mögen. Auseinandersetzungen bringen so viele Emotionen ans Tageslicht, und einige haben sich in meiner Perspektive bislang im toten Winkel versteckt. Sich mit diesen Gefühlen zu konfrontieren, kann zu einer Herausforderung werden.

Im Laufe der Jahre wurde „Little Eartquakes" oft gewünscht, um kollektive Traumata zu verarbeiten. 2017 wurde das Stück während der *Native Invader*-Tour nachgefragt, um den Schock der Präsidentschaft von Trump zu verarbeiten. In der Geschichte gibt es wichtige Momente, die sich mit unserem Leben kreuzen, und manchmal ist die Einschätzung schwierig, wie sie sich im weiteren Verlauf auswirken und wie sie in unserem Leben widerhallen.

Es gibt Geschehnisse, deren Niederschlag große Auswirkungen nach sich ziehen.

〈 〉 〈

Menschen, die ich zu kennen glaubte, verwandelten sich zwischen dem 4. November 1979 und dem 20. Januar 1981 vor meinen Augen. Die Bilder von Amerikanern mit verbundenen Augen, die als Geiseln in Teheran festgehalten wurden, erschütterten die Grundpfeiler der Nation.

Ursprünglich gab es einen wahren Strom an Unterstützung für Jimmy Carter in Amerika. Mein Vater sagte damals immer: „Jimmy Carter hat meine Stimme bekommen und wird sie auch weiterhin bekommen, egal, was auch geschieht, denn er trägt sein Herz am rechten Fleck, und er ist ein guter Mensch." Dennoch: Die Meinung, welches Spektrum an Fähigkeiten ein Präsident braucht, um eine Nation in einer Krise anzuführen, und die emotionale Grundstimmung einer Gesellschaft können sich ändern. Mit dem Fernsehen, das unsere täglichen Gefühle dirigierte, entwickelte sich eine nationale Besessenheit hinsichtlich der Geiseln, schon kurz nach ihrer Gefangennahme. Sie wurden von einer Personengruppe gefangen genommen, die sich als „Muslim Student Followers of the Imam's Line" bezeichnete, als sie die amerikanische Botschaft in Teheran besetzte.

Sie gehörten zu den Unterstützern von Ayatollah Khomeini, einem der führenden Imame der Islamischen Revolution im Iran. Früher in dem Jahr, im Januar, erlangten diese Studenten große Zustimmung und verspürten einen enormen Aufwind aufgrund des Sturzes und des darauffolgenden Exils des Schahs Kopf der prowestlichen, autoritären persischen Monarchie, unterstützt von den Vereinigten Staaten.

Im Vorfeld der Gefangennahme der Amerikaner hatten die Studenten die Auslieferung des Schahs gefordert, um diesen vor Gericht wegen der Verbrechen an seinen Untertanen anzuklagen. Jahrzehntelang hatte die SAVAK, die brutale Geheimpolizei des Iran, Tausende von Oppositionellen und Kritikern des Schahs zum Schweigen gebracht, indem sie Jagd auf sie machte und exekutierte.

Im Oktober 1979 steckte Jimmy Carter in einer Zwickmühle. Monatelang hatten Freunde des Schahs, darunter prominente Republikaner, einige Demokraten und Strippenzieher der großen Unternehmen, großen Druck auf die Carter-Regierung ausgeübt, damit diese dem Schah einen sicheren Hafen in den USA bot. Nachdem bekannt wurde, dass bei ihm eine Krebsbehandlung nötig sei, erhöhte sich der Druck weiter. Einige meinten, dass es eine Schande sei, ihn nicht aufzunehmen. Dennoch verfasste ein Mitarbeiter des US-Außenministeriums eine Liste *schrecklicher Konsequenzen*, die im Bereich des Möglichen seien, wenn sie sich dazu entschließen würde. Sprach Carter diese Befürchtungen aus? Fragte er die Leute, die Druck auf ihn ausübten, was geschehen könne, wenn der Iran negativ reagiere? Erkundigte er sich nach ihrer möglichen Vorgehensweise, falls die Beamten des Außenministeriums gefangen genommen und als Geiseln festgehalten würden? Thematisierte er politische Gegenmaßnahmen? War die Antwort Totenstille?

Carter gab nach. Am 22. Oktober wurde dem abgesetzten Schah Asyl gewährt, um sich einer medizinischen Behandlung in den USA zu unterziehen. Ayatollah Khomeini antwortete darauf: „Die Vereinigen Staaten, die dem korrupten Aussatz Unterschlupf gewährten, werden von uns auf vielen Wegen zur Rechenschaft gezogen werden."

Die schreckliche Notlage der Geiseln drang in unser tägliches Leben ein, wurde zu einem Teil des Daseins. ABC begann mit der Ausstrahlung einer allabendlichen Serie mit dem Titel: *America Held Hostage: The Iran Crisis*. Als die Tage zu Wochen wurden, erfuhr das Land durch Zeitungen und nächtliche Nachrichtenzusammenfassungen alles über die Gefangenen und ihre Familien. Die sich aufdrängenden Frage waren unerbittlich: *Wie lange können sie aushalten, ohne schwerwiegenden psychischen und physischen Schaden zu erleiden? Werden sie gefoltert?* Schnell zeigte sich, dass die Menschen hier die Geiseln als einen Teil des eigenen Ichs empfanden.

Jeden Abend sahen die Leute im ganzen Land das Verbrennen amerikanischer Flaggen und hörten Demonstranten „Tod den USA!" rufen oder die Schreie „Versteck der Spione!", die aus der besetzten US-Botschaft drangen. Die Leute benutzten einen neuen Begriff, um ihre Reaktionen darauf zu beschreiben: „IRAGE". Die Auswirkungen der Bilder auf unser Land – ein Land, das nach dem verlorenen Vietnam-Krieg auf militärische Interventionen geradezu allergisch reagierte, allergisch auch auf aggressive Tänze um die amerikanische Flagge herum – markierte einen tiefgreifenden und emotionalen

Wandel. Die Nation schloss sich zusammen, um die amerikanischen Geiseln nach Hause zu bringen. Ende März, zu Beginn der Frühlings, erinnerten uns gelbe Bändchen, die an Astzweigen flatterten, an einen weiteren Tag, an dem die Amerikaner gegen ihren Willen festgehalten wurden. Jeder Pianist in Washington erhielt zu dieser Zeit endlose Wünsche nach einer Version von „Tie A Yellow Ribbon Round The Old Oak Tree".

Doch dann geschah das Unvorstellbare.

Die Raubvögel zogen ihre Kreise.

Sogar von meinem Platz auf dem Klavierhocker aus hörte ich ihre Schreie nach dem Blut der Demokraten. Die Operation Eagle Claw verfehlte nicht nur das Ziel der Geiselbefreiung, sondern forderte auch das Leben von acht Kommando-Soldaten in der iranischen Wüste. Sie fand am 24. April 1980 statt mit dem Ziel, die 53 Geiseln zu befreien. Die meisten wurden auf dem Botschaftsgelände festgehalten, einige im Gebäude des Außenministeriums oder an einem anderen Ort. An der Mission waren Mitglieder von vier verschiedenen Einsatzkommandos beteiligt, darunter Soldaten der Delta Force und des 1st Battalion 75th Ranger Regiment, dessen Mitglieder und die einzelnen Einheiten sich rund um den Globus verteilten.

Das U.S. Special Operations Command existierte noch nicht. Es wurde erst am 16. April 1987 vom Verteidigungsministerium aktiviert. Unter der Leitung des Präsidenten, des Verteidigungsministers, der verschiedenen Befehlshaber und des nationalen Sicherheitsberaters stellte man eine Task Force zur Planung und Durchführung der Mission zusammen.

Der Einsatz war höchst komplex und ließ kaum Raum für einen Fehler. Das erste Ziel der 132 Army Ranger der Delta Force, der sechs C-130 Hercules Transportflugzeuge mit Bewaffnung (Codenamen: Republics) und der acht RH-53D Sea-Stallion-Helikopter (Codename: Bluebeards) lag in der Wüste Dasht-e Kavir im Iran, genannt Desert One.

Nach relativ kurzer Zeit sahen sich die Rettungskräfte von Eagle Claw mit einer Katastrophe konfrontiert. Nach dem technischen

Versagen von drei der acht Bluebeards entschlossen sich die Kommandierenden, den Einsatz abzubrechen, da nur fünf Hubschrauber für den nächsten Teil der Mission zur Verfügung standen. Doch der Albtraum begann erst.

Für den Fall eines Abbruchs der Desert-One-Evakuierung hatte niemand Ersatzmanöver trainiert. Um den Abflug einer C-130 zu ermöglichen, musste Bluebeard 3 seine Position ändern. Doch der Pilot konnte den Standort der unter ihm befindlichen C-130 nicht erkennen, weil der durch die Rotorblätter aufgewirbelte Staub die Sicht behinderte. Er musste sich auf die Anweisungen eines Flugnavigators am Boden verlassen, der sich – um seine Augen vor dem stechenden Sand zu schützen – unter den Flügel der C-130 gestellt hatte. Dann geschah das Unglück.

Die Rotorblätter von Bluebeard 3 durchschlugen die C-130, die große Mengen Kraftstoff transportierte. Der Kraftstoff und die Munition explodierten, wodurch viele Männer im hinteren Teil der Maschine in der Falle saßen. Andere sprangen aus dem einzigen Ausstieg, der nicht durch Explosionen und Feuerbälle versperrt war. Viele wurden verletzt. Acht kamen ums Leben.

Während seiner Rede an die Nation übernahm Carter als Oberster Befehlshaber die volle Verantwortung für die menschlichen Opfer und die fehlgeschlagene Mission. Doch das konnte das emotionale Echo im ganzen Land nicht aufhalten.

Khomeini schlachtete die Tragödie aus, um seiner Revolution mehr Gewicht zu verleihen, und überzeugte zahlreiche Iraner davon, dass es ein Wunder gewesen sei, ein gerechter Akt Gottes, gerichtet gegen den großen Satan Amerika. Fotos von Khomeini und seinen Unterstützern am Unglücksort von Desert One zerrissen das Herz der USA, da man die Leichen der toten Soldaten in der Wüste schändete.

Mit der kollektiven Reaktion *Genug!* eines Großteils der Bevölkerung steigerten sich die dissonanten „Akkorde" und gewannen an Schwung, wobei Nixons Referenz an die USA als „bemitleidenswerter Gigant" widerhallte.

In Washington wurde der Same für Schlachtengebrüll gesät, bei dem eine „Revolution bezüglich militärischer Einsätze" gefordert wurde. Einige vertraten die Auffassung, dass Eagle Claw den Anstoß gegeben habe, um die Special Operations Forces vollständig zu restrukturieren und neu aufzustellen. Das Resultat all dessen war die Etablierung des unabhängigen U.S. Special Operations Command, 1987 genehmigt durch den Kongress. (Es wurde im August 1990 im Rahmen der Operation Desert Shield eingesetzt, nachdem der Irak in Kuwait eingefallen war und zur Kontrolle des Öls eine Invasion in Saudi-Arabien anstrebte. Zu Beginn des Jahres 1991 sahen wir die Soldaten auf unseren Bildschirmen während eines „Fernsehkriegs" namens Desert Storm.)

Nach der Eagle-Claw-Tragödie im April 1980 führte uns der September in einen langwierigen achtjährigen Krieg zwischen dem Irak und Iran. „Der Feind meines Feindes ist mein Freund" wurde zur stehenden Redensart und so prägend wie die Hookline in einem Song.

? ? ?

Wenn ich mir durch den Zigarettenqualm den Weg zu meinem Klavier bahnte, hörte ich häufig, wie jemand den Namen von Ronald Reagan fallen ließ. Bei einer der Präsidentschaftsdebatten 1980 giftete Reagan: „Wenn dein Nachbar seinen Job verliert, ist das eine Rezession. Wenn du deinen Job verlierst, ist das eine regelrechte Wirtschaftskrise. Und eine Erholung ist es, wenn Jimmy Carter den seinen verliert."

Am 4. November 1980 waren die amerikanischen Geiseln immer noch nicht in ihrer Heimat. Überall im ganzen Stadtbezirk wehten die gelben Bändchen im Wind, und ich spielte immer noch „Tie A Yellow Ribbon". Als Reagan der nächste Präsident wurde, veränderte sich die Bevölkerung von Washington. Und diese Leute besuchten mich am Klavier, nur wenige Blocks vom Weißen Haus entfernt. Während ich eine Version von „The Tide Is High" von Blondies *Autoamerican*-LP spielte, erinnerte sich irgendein Gast mit einem Cocktail in der Hand, warum sich Carters Entscheidung, dem Schah Asyl zu gewähren, als katastrophal für ihn herausstellte. In der ganzen Stadt hatte Tip O'Neill, der Sprecher des Repräsentantenhauses, seinem Unmut Luft gemacht über die fehlende Unterstützung und Finanzierung der Special Operations Forces.

Und nun stand er da – vor mir und dem Klavier. Es schien eine Lebensspanne vergangen zu sein, denn bei unserer ersten Begegnung war ich noch 14 gewesen und bei einer Kongress-Party aufgetreten. Ich erkundigte mich nach seinem Beruf, und er verriet mir, der „Sprecher" zu sein. Zu der Zeit noch ein wenig grün hinter den Ohren, fragte ich ihn: „Sprecher von was?" Er lachte, und ich spielte einige irische Stücke, während er einen Jig tanzte. Danach wünschte sich O'Neill „Bye Bye Blackbird", und wir sangen das Stück gemeinsam. Er gab sich mir gegenüber wie ein wahrer Gentleman, zu einer Zeit, in der ich noch nicht reif genug war, um mich mit der Komplexität Washingtons auseinanderzusetzen.

Damals war ich noch jung und naiv. Doch dann entledigte ich mich des Schleiers der Leichtgläubigkeit. Ich erkannte, dass die in der Schule gelernten Lektionen über die Arbeitsweise der Regierung ganz offensichtlich nicht der Wahrheit über die wahren Machtverhältnisse in Washington entsprachen, die von Lobbyisten und Großunternehmen geprägt waren.

Die Republikaner mögen gewonnen haben, doch Reagan verkündete: „Ich glaube, dass der Liberalismus das Herz und die Seele des Konservatismus ausmacht." David Koch von den Brüdern Koch war 1980 der Kandidat für das Amt des Vizepräsidenten bei den Liberalen. Ihre Agenda beinhaltete die Abschaffung der Umweltschutzbehörde sowie von Medicare und Medicaid, die Aufhebung des Mindestlohns, die Streichung der Steuern für Großunternehmen und eine unbegrenzte Spendenpraxis, um sich einen Teil des Senats, des Repräsentantenhauses und möglicherweise eines Tages die Präsidentschaft zu erkaufen.

Beim Durchschnittsbürger kam ihre Botschaft nicht sonderlich gut an. Damals kaufte niemand die Idee ab, dass Steuermäßigungen für die Superreichen dem Normalverdiener helfen könnten. Wir wussten, dass einschneidende Steuererleichterungen für die Finanzelite für Leute, die nicht zum Club gehörten, den Weg in die Leibeigenschaft bedeuteten. Es schien, dass die Zielrichtung der Liberalen und Republikaner in der Erschaffung einer ökonomischen Aristokratie lag.

Oft stand der schwule Kellner neben mir am Klavier, wenn ich „The rich get richer, the poor get laid off, ain't we got fun" sang, schüttelte den Kopf und meinte: „Warum sollte nur jemand das Gift dieses moralisch korrupten Elixiers schlucken? Glauben die wirklich, dass man uns so leicht betrügen kann?"

Nach einem einer Achterbahnfahrt gleichenden Jahr und einem Erdrutschsieg für Reagan folgte dann eine Bekanntgabe, die die ganze Welt schockierte.

Die Stimme, die uns die Vorstellung „Imagine all the people living life in peace" vermittelte, war endgültig zum Schweigen gebracht worden. John Lennon wurde in New York City erschossen. Der Verlust eines Songwriters, der uns alle zum Denken angeregt hatte, war unerträglich. Auf der ganzen Welt zündete man Kerzen an. Die Menschen sangen Songs, die er uns geschenkt hatte. Wir beendeten das Jahr mit kollektiver Trauer und gedachten einer visionären Seele, die man uns viel zu früh nahm.

BANG

Bang went the gun on their tongue
word crucifixion toward immigrants shunned
„Immigrants that's who we all are
'cause we're all made of stars"
you said to them
oh yes you did
Bang went the Universe
Hydrogen lusting for Helium's burst
a mighty Sun's Dance of Death
Exploding Super Nova
one story's end
seeds another to begin

then the heavens
opened and then
I heard voices
joined in Hosannas
breathlessly I saw your star
so bright it blinded me
I had to shield my eyes
so bright it blinded me
I had to shield my eyes
so bright it blinded me
I had to shield my eyes
and then
you took my hand
oh yes you did

Bang the world now traumatized
by a cluster of hostile humans who side
with their warlords of hate

so we must out-create
with the Backbone of Night
to Rehumanize

then the heavens
opened and then
I heard voices
joined in Hosannas
and their tower
of confusion
could not drown
the Light
from your star
so bright it blinded me
I had to shield my eyes
so bright it blinded me
I had to shield my eyes
so bright it blinded me
I had to shield my eyes
and then
you lit the path
oh yes you did

,,Can't you see"
he said to me
,,that we all
are Molecular Machines"
goals and dreams
all I wanna be
is the very best
Machine I can be
Hydrogen
Calcium
Phosphorus

Potassium
Sulfur
Sodium
all I wanna be
is the very best
Machine I can be
Iodine
Iron
Manganese
Molybdenum
Nitrogen
Selenium
Silicon
Tin
Vanadium
and Zinc
all I wanna be
a MOLECULAR Machine

IMAGINE.
In an American court.
A little boy about four years old.
Of Latin descent.
Sandaled feet flouncing over the chair lip.
Huge ear defenders on.
A U.S. judge asks, „Do you have a lawyer?"
The little boy shakes his head.
„Do you know what a lawyer is?"
The little boy shakes his head again – after his headphones
translate the words.
Zero-tolerance policy.
Parents separated from their children.
Children crying in cages.
Imagine.
The white power movement.
Those who are actively advocating for the destruction of people –
whom they objectify as „other."
The architects behind zero tolerance …
What events did they twist to justify that policy?
The implementation of zero tolerance.
Being the reason that this little boy was sitting in that chair on
his own, alone.

〳 〳 〳

2017 brachten mir die Musen „Bang", was mich zu einer direkten
Antwort veranlasste.

Zu exakt dieser Zeit wurden Moslems bei uns durch ein Einrei-
severbot verunglimpft. Das Schreiben von „Bang" erinnerte mich
daran, dass wir den destruktiven „Lösungen", konzipiert von den

Immigrationsarchitekten der Trump-Regierung, etwas *entgegen-kreie-ren* mussten. Die Intention von „Bang" liegt darin, Gespräche über Immigration und eine Reform derselben anzustoßen. Sie [Tori Amos spricht manchmal unter Nutzung des weiblichen Personalpronomens über ihre Songs oder über ihr Klavier, Anm. d. Üb.] weigert sich aber, sich als Befürworterin einer „Auf gar keinen Fall Grenzen"-Politik abstempeln zu lassen oder eine grenzenlose Fantastin zu sein, denn wir beide widersprechen dem Extrem „keine Toleranz", was sich auf sehr verschiedene Einstellungen bezieht. Kluge Menschen müssen eine vernünftige Politik machen, basierend auf ausgewogenen Argumenten – diese Leute muss es einfach geben. „Bang" bietet denen Raum, die sich dazu zwingen, wenn auch nervös und unsicher, das schwierige Thema der Reform der Regelungen zur Immigration anzupacken, mit einer ausbalancierten Mischung aus Pragmatismus und Vorstellungskraft.

Einige Songs werden nicht zum Kampf gegen ideologische Gegner komponiert. „Bang" wurde kreiert, um Kraft zu geben und die zu vereinen, die an den demokratischen Prozess glauben. Die, die daran glauben, dass die Unterstützung einer autoritären Regierung – implizit und explizit – sich gänzlich gegen das Konzept der Menschrechte richtet.

Beim Songwriting kommt es manchmal zu einem *Heureka!*-Moment. Du schlägst deinen Kopf gegen eine imaginäre Wand, und dann taucht ein Carl Sagan auf, der durch die Zeit zu dir spricht. Dank seines durch die Wissenschaft geprägten Bewusstseins erklärte er, was „Mensch sein" definiert. Diese Gedanken konnten sich in alle Richtungen ausweiten. Sie waren nicht auf ein religiöses Dogma beschränkt und erlaubten den Leuten, sich daran zu orientieren, wenn sie es wollten. Und das liegt in der Tatsache begründet, dass Sagan keinen von uns mit seiner Definition, was denn nun menschlich ist, „zu einem anderen machte" – keinen einzigen. Weder missachtete noch überbewertete er einen anderen aufgrund seiner Religion, Hautfarbe oder des Geschlechts.

Er sagte, dass alle Menschen aus Sternenstoff gemacht seien. Sternenstoff.

Stell dir das vor.

Und aus was besteht Sternenstoff? Das war meine erste Reaktion, wenn ich an Sagan dachte. *Und wir Menschen sind alle aus diesem Stoff gemacht?* Das überschritt jede Definition, die ich bislang kennengelernt hatte. Andere Definitionen waren lediglich eine Ablenkung von dieser Schlüsselwahrheit.

Im Laufe der Zeit zeigte mir Sagan mit seiner Ansicht etwas Schönes auf. Und den Gedanken, den er mittels eines Computerbildschirms mit mir teilte, wurde für mich wertvoll und verwandelte mich. Vielleicht nur schrittweise, doch Veränderung ist Veränderung. Zum ersten Mal wurde das Periodensystem Teil meines Lebens. Eine neue Sichtweise anzunehmen, eine Idee, die keinen Teil *meiner* inneren Welt darstellte oder meiner Selbsteinschätzung … ja, das fühlte sich wirklich beängstigend an. Veränderung *kann* furchterregend sein. Als Individuen durchleben wir unsere Prüfungen und werden auf die Probe gestellt, erleben unsere persönlichen Kämpfe und Verluste. An manchen Tagen nehmen wir es als selbstverständlich, das zu erreichen, was wir uns vorgenommen haben. Wir stecken in unserer Routine – was nicht bedeutet, dass es keine Herausforderungen gibt, doch in der Regel meistern wir sie. Und dann kommt ein Hurrikan, ein Feuer, eine Massenschießerei, ein Terrorangriff – ein Geschehnis, das uns zu einer Auseinandersetzung zwingt, auf die wir nicht vorbereitet waren. *Ich habe hochgeschaut und nach draußen gesehen, verzweifelt ein Gespräch gesucht, um Hilfe gerufen, bitte helft mir – ich bin nicht auf das vorbereitet, was vor mir liegt.*

Und manchmal finde ich keine Antwort, höre nur das stumme Nichts, überhaupt keinen Song. Nicht in dem Augenblick. Wir alle waren schon zu einer Auseinandersetzung mit dem Selbst gezwungen – fühlten, dass wir aus Sternenstoff gemacht, aber durch ein Ereignis vollkommen überwältigt sind. Wo ist die Blaupause dieses Gefühls?

Manchmal muss man sich mit niederschmetternden Ereignissen auseinandersetzen, die nicht nur die Familie und Freunde betreffen, sondern eine ganze Gemeinde, eine Stadt, etwas Größeres. Einige nutzen ein tragisches Geschehen, um eine Erzählung zu verdrehen und ihre eigene politische Agenda durchzudrücken. Das sind die Kriegsherren des Hasses.

Andere stellen sich einer Tragödie durch die Auseinandersetzung mit Bewältigungsprozessen. Wir alle trauern unterschiedlich: Einige verschließen sich; andere öffnen sich. Einige gebären sich aggressiv. Manche Stunden des Tages verbringen wir in einer Art Schockstarre, ertrinken in Gefühlen. In anderen Momenten sind wir uns allein überlassen, mit dem Gefühl einer grauen, trostlosen Taubheit. Das kollektive Trauma hat seine eigene Energie.

Nicht nur einzelne Songs wurden geschrieben, sondern ganze Alben, um das aufzuzeichnen, was mir Menschen berichtet haben, was sie sahen, hörten und fühlten.

Manchmal warnten mich die Musen, und ihre Lektionen können hart und auch harsch sein. Sie schienen mir zu sagen: „T, du musst es respektieren, in welcher Phase des Verarbeitungsprozesses diese Leute stecken, dass sie noch keine Lösung gefunden haben. Auch wenn es dich beruhigen würde, wenn sie bereits vor dem Abschluss stünden, leiden sie noch. Wenn du also die Wahrheit dieses Augenblicks in einen Song einwebst, kannst du sie nicht auf diese Menschen projizieren. Möchtest du wirklich die Gefühle dieses Augenblicks dokumentieren, liegt der Schlüssel im Zuhören."

Die wichtigste Eigenschaft einer Songwriterin besteht im Vermögen des Zuhörens. Wie bei einem Elefanten – Ohren in der Größe von Kansas. Du musst nicht nur das hören, was in den Atempausen „gesagt" wird. Du musst das hören, was gar nicht gesagt wird.

Bei einem kollektiven Trauma trauert eine Gruppe von Menschen gemeinsam. Dabei hat natürlich jeder eine ausgeprägte Empathie für das, was die anderen durchmachen. Der gemeinsame Nenner ist „diese" bestimmte Tragödie, und somit können alle das Geschehnis verarbeiten – einzeln und zusammen.

Es gibt Zeiten, in denen wir einsam sind, in denen wir uns zerbrochen oder innerlich in einzelne Teile aufgelöst fühlen, aber dann – kommt plötzlich ein anderer, den wir vielleicht gar nicht oder nicht gut kennen, und dann macht es: *BANG*. Diese anderen spiegeln einen uns bekannten erschütternden Schmerz wider, den man erkennt, schaut man in ihre Augen. *Da* ist es, genau *da*. Ein gemeinsam empfundenes Gefühl, ein Wissen … und man beginnt, zusammen zu trauern.

GIRL

from in the shadow she calls
and in the shadow
she finds a way
finds a way
and in the shadow she crawls
clutching her faded photograph
my image under her thumb
yes with a message for my heart
yes with a message for my heart

she's been everybody else's girl
maybe one day she'll be her own
everybody else's girl
maybe one day she'll be her own

and in the doorway they stay
and laugh as violins fill with water
screams from the bluebells can't
make them go away
well I'm not seventeen
but I've cuts on my knees
falling down as the winter
takes one more cherry tree

≀ ≀ ≀

she's been everybody else's girl
maybe one day she'll be her own
everybody else's girl
maybe one day she'll be her own

rushin' rivers
thread so thin
limitations
dreams with the flying pigs
turbid blue
and the drugstores too
safe in their coats
and in their dos
a smother in our hearts
a pillow to my dots
one day maybe one day
one day
she'll be her own

and in the mist there she rides
and castles are burning in my heart
and as I twist I hold tight
and I ride to work
every morning wondering why

ι ι ι

„Sit in the chair and be good now.“
and become all that they told you
the White Coats enter her room
and I'm callin' my baby
callin' my baby
callin' my baby
callin'
everybody else's girl
maybe one day she'll be her own
everybody else's girl
maybe one day she'll be her own
everybody else's girl

maybe one day
she'll be
her
own

SONGS SIND LEBENDE UND ATMENDE WESEN. „Girl" ist nicht in ihrer Zeit eingeschlossen und bezieht sich nicht nur auf die Begleitumstände ihrer Geburt 1990. Sie bezieht sich nicht nur auf die Geschichte einer jungen Frau, sondern auf jede in jedem Alter, die sich selbst ein wichtiges Versprechen gegeben hat. Es kann das Bestreben nach Beendigung einer Lebensphase sein – in der man eine Person ist, die ein anderer braucht oder verlangt, zu der er dich verführt oder einschüchtert. Egal, ob wir zu „dieser Person" werden, um einem Konflikt aus dem Weg zu gehen oder einer Ablehnung vorzubeugen – wir alle haben uns schon mal in dieses „Ich" verwandelt, das ein Gegenüber in uns sehen will.

Manche Beziehungen können dich zermürben und ausmergeln. Und so spiegelt man es wider oder reflektiert es – das, was der Meister will, wie eine Art Schoßhündchen. In so einem Augenblick erscheint es der einfachere Weg zu sein: *Was immer es braucht, um sich der negativen Stimmung des anderen zu beugen.* Der Meister muss nicht zwangsläufig ein Mann sein. Manchmal ist er es, aber nicht immer. Egal, wer er auch ist, er weiß, dass man andere Menschen abrichten und trainieren kann. Entweder mit Lob, Scham, der Angst vor dem Versagen oder der Angst vor Manipulation. Die grundlegende Technik ist das eng verknüpfte Wechselspiel zwischen Belohnung und Bestrafung. Hier findet sich keine bedingungslose Liebe. Nein, diese Form der Beziehung unterliegt allein den Regeln des Meisters. Es sind keine respektvollen und auf gegenseitigem Einverständnis beruhenden Bedingungen – es sind die ihren, die der anderen.

Das Mantra vor „Girl" lautet: *Ich muss mich allein besitzen, meine eigene Autorität sein. Ich muss für mich selbst ein Zuhause bieten und einen Weg finden, das zu leben, an was ich glaube.*

Die Selbsterkenntnis als Mensch und das Entdecken all der verschiedenen Charakterzüge, die „dich" ausmachen, ist keine leichte Aufgabe. Besonders, wenn du bislang *dieses Bisschen* oder *diesen Byte* oder sogar *diese Megabytes* ausgelassen hast. Du magst dich wie ein verblassendes Gemälde des „Ichs" fühlen, das du einmal sein wolltest.

„Girl" brachte mich dazu, im ganzen Haus Traumfänger aufzuhängen, um Teile von mir zu retten, die ich früher ignoriert hatte.

Einige meiner Charakterzüge waren nicht mehr hilfreich. Und „Girl" sagte: *Das ist nur natürlich. Dieser Teil von dir hat seinen Zweck erfüllt. Danke ihm, und lass ihn gehen.*

„Einfach so?", fragte ich.

Schick ihn mit einer Margarita fort. Ihm wird es gutgehen.

Nicht nur leitete sie mich an, bestimmte vernachlässigte Aspekte in die Arme zu schließen; sie ermutigte mich auch dazu, mich anderen Seiten zu öffnen, deren Erkundung ich mir bisher nicht erlaubt hatte. Mir dämmerte die Erkenntnis, dass es völlig okay wäre, ein bisschen an mir „herumzujustieren". Einige dieser Nachjustierungen führten zu riesigen Verbesserungen.

„Girl" war eine wichtige Wegweiserin, als sie mich lehrte: *Hab keine Angst davor zu wachsen und dein Selbstwertgefühl als Mensch und Künstlerin zu erweitern. Wer weiß? Möglicherweise magst du Oper – eines Tages. Vielleicht nicht heute, aber du wirst dich während des ganzen Lebens an Kreuzungen wiederfinden. Hab keine Angst davor, etwas ganz anderes zu erschaffen.*

„Girl" wusste nur zu gut, dass ich mich in dieser Phase im Jahr 1990 als Künstlerin an einer weiteren wichtigen Weggabelung befand und gegen mächtige Kräfte ankämpfte, die auf eine potentielle Song-Zerstörung hinwirkten. „Girl" war noch nicht geschrieben, doch sie lauschte mir vom Äther aus und hörte die immensen musikalischen Probleme, mit denen ich mich all diese Jahre konfrontieren musste.

Aber ich wusste, dass sie schon bei mir war, sich selbst als ein Song-Being manifestieren würde. Ich weiß es auch jetzt, während ich diese Zeilen an euch verfasse, zu ihrem 30. Geburtstag im Jahr 2020.

1990 war *Little Earthquakes*, mein zweites Album (und meine erste Soloveröffentlichung), von meinem Label Atlantic Records gerade abgelehnt worden. Einige von euch mögen die Geschichte kennen, andere eventuell nicht. Ich bin sicherlich nicht die erste Künstlerin, deren Album auf Ablehnung stieß, und werde auch nicht die letzte sein. Doch die Musen überzeugten mich davon, die Komplexität des Problems anderen mitzuteilen und dass wir eine Lösung finden würden, die für mich funktionierte, für mich, die Künstlerin, und für den Investor, das Plattenlabel.

Wie jeder weiß, sind zahlreiche Leute involviert, wenn eine Künstlerin in einer Krise steckt und für einen krachenden Audio-Unfall designiert ist. Um alle Namen zu erwähnen, würden die Seiten des Buches nicht ausreichen, doch es ist klar, dass ich den Konflikt nicht allein löste. Die folgende Straßenkarte beschreibt die möglichen Routen, die man nehmen oder vermeiden sollte, um eine zufriedenstellende Lösung für alle zu finden, die sich in einer kreativen Krise befinden.

Das Problem zeichnete sich durch mehrere Komponenten aus. Wie in meinem ersten Buch erwähnt, brachte mich die Ablehnung von *Little Earthquakes* zu einem Stillstand. Natürlich war ich auch schon vorher mit Absagen konfrontiert. Mein erstes Album *Y Kant Tori Read* von 1988 war ein Misserfolg gewesen. Aber dann entdeckte ich das Klavier neu – ich sollte lieber sagen, *sie* entdeckte *mich* –, und *Little Earthquakes* wurde um diese Wiederentdeckung herum aufgebaut, also nach dem Verrat am Instrument. In meiner Sicht waren die Songs, die Künstlerin und die Aufnahmen ehrlich und authentisch, und die daran Beteiligten hatten das Gefühl, dass dem Album eine alte und reine Magie innewohnte.

Die Ablehnung durch die Plattenfirma und der Lösungsansatz der mächtigen Männer stellte dann eine traumatische und vernichtende Antwort dar: „Ersetzen Sie alle Klaviere durch Gitarren."

Die Schlacht um die Integrität der Stücke und um den Schutz der Aufnahmen war eröffnet, doch wie sollte man kämpfen? Wie bekämpft man die Meinung eines Plattenmoguls, der große Erfolge als Produzent verbucht und sehr viele Platten verkauft hatte – und diese Lösung anbot: „Schalten Sie alle Klaviere stumm, und nehmen Sie Gitarren auf. Das sollte funktionieren."

Nun war alles klar, und ich rastete aus. Ich durchlebte eine Kernschmelze, hyperventilierte und schleuderte Wassermelonen gegen die

Wände. Die Entscheidung kam von höchster Stelle. Es gab keinen Mächtigeren in der Firma.

Ich war für acht Alben an einen Vertrag gekettet, die alle von dem Urteil und der Meinung des Labels abhingen. Das summierte sich bei einem Erfolg auf 16 Lebensjahre, wenn man in einem Jahr aufnimmt, im folgenden auf Tour geht und das Songwriting des nächsten Albums während der Tournee in Angriff nimmt. Vorausgesetzt, du hältst den Schreiben-Aufnehmen-Tourneen-Marathon durch. Wahrscheinlicher ist es aber, dass ein Künstler bei so einem Vertrag 20 Jahre feststeckt.

Dazu kommt noch, dass der Plattenfirma die Aufnahmen gehören, die man im Rahmen des Deals einspielt. Wenn sie dich nicht an andere Firmen verkaufen wollen, ist es ihre Entscheidung, und nicht deine! (Ich schlug den Verkauf vor.) Als Alternative können sie dich im Regal stehen lassen, in einer Art Warteschleife, dich weder vermarkten noch an ein anderes Label vermitteln. Dieser Prozess kann dermaßen in die Länge gezogen werden, dass dich niemand mehr unter Vertrag nehmen wird. Die Macht, die die Labels haben, ist sehr real. Das war lange Zeit vor dem Internet, und somit waren sie die einzigen Player, was sie auch wussten.

Zur Zeit der Ablehnung des Albums stand ich kurz vor meinem 27. Geburtstag. Damals war das Klavier musikgeschichtlich noch nicht in der Popkultur angekommen. Die Folk-Szene feierte mit Künstlerinnen wie Tracy Chapman, Suzanne Vega und vielen anderen einen Neubeginn, wodurch sich die Akustik-Gitarre bei Kritikern neu bewies. Auch die Umsätze steigerten sich. Synthies waren die Tasteninstrumente des Tages. Das Piano wurde von den Mächtigen der Labels als „schnarchig" und unmodern angesehen. (Elton und Billy waren die Ausnahmen, Legenden, die nach eigenen Regeln spielten.) Wenn man auf den untersten Sprossen der Nahrungskette des Musikbusiness stand, musste man ein anderes Spielchen spielen.

Die einzigen Platten, die ich von meinem ersten Bandalbum *Y Kant Tori Read* verkaufte, gingen an meine Eltern Ed und Mary, einige entsetzte Kirchgänger der Methodisten und vielleicht an einen Metal

Head irgendwo in Idaho. Darum musste ich mich beweisen, zeigen, dass das Klavier bereit war, eine neue Nische in der snobistischen Popkultur zu besetzen, die „für Sünder" spielte. Ich gehörte natürlich dazu und schwitzte meine Dämonen aus, mit dem linken Absatz auf dem Sustain-Pedal, für die Errettung singend, eine musikalische Tochter von Jezebel, die rechte Hüfte dem Kirchen-Revival des Südens entgegengestreckt.

Doch das waren bislang nur Visionen, eingefangen auf den Bändern, die Atlantic gehörten und mit denen sie laut Vertrag alles anstellen durften, was sie wollten. Und so lag meine Aufgabe darin, meine Songs der Sünde und Erlösung neu zu verhandeln. Die Musen überbrachten mir eine Botschaft: *Du als Songwriterin magst nicht die geschickteste Verhandlungspartnerin sein, um eine Lösung zu finden, denen die mächtigen Männer zustimmen. Die Songwriterin ist aber nur ein Teil dessen, was eine Künstlerin ausmacht, und sie trägt besondere beobachtende und emotionale Fähigkeiten in sich. Doch diese Männer stellen keine Fragen. Ihre Forderung nach „etwas anderem" muss erfüllt werden. Um das herauszufinden, ist die Einschätzung hilfreich, welcher Teil von dir und deiner Ausbildung der herausfordernden Aufgabe am besten dienlich ist. Deine komplexe Aufgabe ist es, ihre Problemlösung abzulehnen, aber auch zu erklären, ihre Bedenken gehört zu haben. Dann musst du sie dazu bringen, einer anderen Lösung zuzustimmen – die, mal ganz nebenbei gesagt, du dir einfallen lassen musst.*

Bis zum heutigen Tag bringen mich die Musen dazu, eine Technik anzuwenden, die ich 1990 erlernte. Sie ermutigen mich, all meine Fähigkeiten genau unter die Lupe zu nehmen und dabei den Teil von mir zu finden, der Erfahrung damit hat, sich auf eine aktuelle Herausforderung einzupendeln.

Die Begleitumstände der neuen Aufgabe mögen vielleicht keinem der alten Probleme aus der Vergangenheit ähneln, doch es mag etwas geben, auf das ich mich beziehen kann, das ich in dem neuen Bild einbaue. Es gab einen Punkt, an dem die Musen eine sehr direkte Anweisung gaben. Ich sollte dem Plattenlabel „Fickt euch doch" verkünden, doch das war sicherlich kein intelligenter Schachzug und hätte mich wahrscheinlich für immer und ewig auf den Klavier-

Bar-Abschiebeplatz verdammt. Ich musste aus dem Bannstrahl ausbrechen, um das Album wieder in die Spur zu bringen und aus der Blockade zu befreien. Von den Musen geleitet, fand ich mein 20-jähriges klavierspielendes Ich wieder. Wir saßen gemeinsam in meinem Ein-Zimmer-Apartment hinter der Highland Methodist Church in Hollywood und beschworen die Energie und die Perspektive, die mein altes „Ich" 1984 auszeichnete.

Die Musen fragten mich: *Zu dem Zeitpunkt in deinem Leben, als man dich dafür bezahlte, in Washington zu spielen, konntest du da als Künstlerin genau das machen, was dir vorschwebte?*

Nein, um ehrlich zu sein, muss ich eingestehen, dass ich meist die Wünsche der Gäste bediente.

Die Musen: *All die Anwesenden – variierten ihre Wünsche immer, oder gab es Gemeinsamkeiten?*

Tja, ich denke das offensichtlichste Beispiel kontrastierender Veranstaltungen fand sich an einem Tag, an dem ich bei einer Beerdigung und einer Hochzeit auftrat. Dad bezahlte mich an jenem Tag „im Paket", also eine Gage für zwei Auftritte, und somit war das Engagement ein guter Deal – eine Art Anfängerbonus. Keine Ahnung, ob Dad sich einen Teil des Honorars in die eigene Tasche steckte, aber es war ein Job und die damit verbundenen Energien und die Atmosphäre unterschieden sich zwangsläufig. In vielerlei Hinsicht waren Hochzeiten weniger kreativ, denn Braut und Bräutigam hatten natürlich genaue Vorstellungen, welche Stücke „ihre Songs" waren und wollten keinen Titel hören, der sie an den/die Ex erinnerte. Und so folgte ich den Vorgaben, denn wenn ich einen vorher nicht abgestimmten Love Song gespielt hätte, hätte ich alle Zuhörer verlieren können. Möglicherweise hätte ich auch noch mehr Unheil angerichtet und die Menschen verletzt.

Die Musen: *Und bei Beerdigungen?*

Beerdigungen waren oft höchst schwierig und mit weniger Aufregung verbunden, mal abgesehen von Spannungen, ausgelöst durch ein Testament. Meist wusste Dad von Streit oder Fehden und teilte es mir insgeheim mit. Wahrscheinlich wäre ich den Leuten aber sowieso nie mehr begegnet, ausgenommen, sie gehörten zum Georgetown- oder Capitol-Hill-Set, wo ich ständig spielte. Dad dachte also, mir durch die Schilderung der Situation bei der Gestaltung eines bedächtigeren Gottesdiensts zu helfen, und wurde damit seiner Verantwortung gegenüber den Hinterbliebenen gerecht. Meist hatte ich bei einer Trauerfeier mehr Freiraum, doch gelegentlich gab es auch Wünsche wie zum Beispiel einen ganz bestimmten Song oder eine Hymne. Meine Aufgabe bestand darin, die Stimmung zu gestalten und eine bestimmte Atmosphäre im Raum zu erzeugen.

Die Musen: *Unterschied sich die Atmosphäre in den jeweiligen Räumlichkeiten, auch in der Nähe des Capitol Hill? Konnte sie gestört werden? Und falls das so war, wie versetztest du die Veranstaltung wieder in die gewünschte Stimmung?*

Ja, die Atmosphäre war speziell für jeden Anlass gesetzt, und mein Job bestand im Eingehen auf die Wünsche meiner Kunden. Eine Beerdigung, ein Brunch nach einer Abschlussfeier, eine Cocktail-Party von Kongressangehörigen – da gab es eine bestimmte Bandbreite, die ich jeweils nutzen konnte, doch auch immer eine tonale Grenze. In meiner Rolle musste ich ständig die Stimmungsfarben lesen und den Event untermalen. Falls jemand zu betrunken war und störte oder wenn ein Streit ausbrach, mochte man vielleicht einige Tränen des Pianos gehört haben. Natürlich erfüllte ich die Wünsche, die gelegentlich auch zu Tränen führten. Dann erzählte ich, noch mehr Anfragen zu haben, und begann mit „New York New York", was die besten und die schlechtesten Sänger zusammenbrachte und die Stimmung im Saal hob.

Die Musen: *Wie viele Songs hattest du damals im Repertoire?*

Hm, ungefähr tausend Stücke, die jeden Stil und jede Stimmung abdeckten und die ich umsetzen konnte. Ich wusste aber nie, welches Stück aus der Sammlung den Saal von einem Zustand der Angst befreite. Eine merkwürdige Atmosphäre mag auf einer Theaterbühne wirken, aber in einer Piano-Bar gleicht das einem Todeskuss. Ich war bekannt dafür, so schnell wie möglich den schlechten Schwingungen zu entfliehen.

Es überraschte mich immer, welche Stücke einen Saal oder einen Raum wieder stabilisierten. Southern Gospel, puritanische Songs für Protestanten, Heavy Metal, „Happy Birthday", Swinging Sixties, ein krachendes „God Bless America", bekannte Nummern aus den Fünfzigern, Jazz-Standards, eine Bach-Variation, Country, patriotische Songs mit einem militaristischen Unterton – ich setzte alles ein, um einen Saal aus einer beklemmenden Atmosphäre zu befreien.

Die Musen: *Dann gehört es also zu deinen Fähigkeiten, die Strukturen vieler Songs mit unterschiedlichsten Stimmungen zu verstehen?*

Ja, ich habe schätzungsweise die Struktur Hunderter Songs studiert, ihre Arrangements und die Grundmuster. Man muss bis zu den Grundpfeilern durchdringen und auch die strukturellen Komponenten jedes einzelnen Songs verstehen. Einige überraschten mich, wenn ich meine „Hör-Taschenlampe" anknipste. All das konnte mir bei der Analyse der atmosphärischen DNS jedes Songs helfen.

Die Musen: *Wir sollten uns bei deinem 20-jährigen Ich bedanken und es einladen, zusammen mit dir an den Verhandlungen teilzunehmen, denn nun ist klar, wie du vorgehen musst.*

Ist es das?

Die Musen: *Wenn sie den Vorschlag machen, das Piano durch Gitarren zu ersetzen, ist es ihr Lösungsansatz zur Veränderung der Atmosphäre. Finde eine andere Lösung. Dein jüngeres Ich sagte, dass du von Grund auf sehr verschiedene Möglichkeiten erlernt hättest, wie sich die Stimmung von Song zu Song verschieben lasse. Du hast dich nun entschlossen, zur Rettung der Aufnahmen in den Kampf zu ziehen. Du hast dich entschlossen, für das Piano einzustehen. Du hast für mächtige Männer gespielt, befandest dich unter ihnen, unter Männern, die die Angelegenheiten in D.C. ins Rollen bringen und sie am Laufen halten. Die Mächtigen bei der Plattenfirma bitten um eine andere Atmosphäre. Biete ihnen weitere Stücke mit einer anderen Stimmung an. Ergänze das Piano durch Gitarren oder auch nicht, denn das ist nur ein Detail.*

Aber ich habe nichts mehr anzubieten.

Die Musen: *Es gibt immer mehr. Wir werden dir die Energie schicken. Expansion – das ist die Energie, die wir dir schicken. Du musst dich vielleicht auf eine Pilgerreise begeben, um die Inspiration zu finden. Wo auch immer du aber hingehst – wir werden dich finden. Sei offen, und baue keine Schranken auf.*

Die Musen hatten recht. Ich stimmte zu, vier weitere Songs einzureichen, und dieser Vorschlag wurde von den mächtigen Männern des Labels angenommen.

Innerhalb weniger Wochen flog ich nach D.C., um meine Eltern zu treffen, wonach wir zur alten Farm in den Bergen Virginias fuhren, auf der mein Vater aufgewachsen war. In dem Farmhaus überfluteten mich die alten Erinnerungen. Meine Mom Mary und ich unternahmen jeden Tag lange Spaziergänge. Mein Dad Ed verbrachte die meiste Zeit auf dem Traktor und beschäftigte sich mit dem Garten. Mary bereitete aus dem geernteten Gemüse Suppen zu und eine Süßspeise vom Obst der Bäume, die nach all den Jahren immer noch etwas abwarfen. Hier gab es keine Straßenlaternen, und die zweispurige Straße war von Hügeln und Bergen umgeben. Man unterhielt sich und wippte in den Schaukelstühlen. Wir unternahmen auch Wanderungen zu einem Ort namens Roosterspur, wo damals noch ein kleiner Bach verlief. Mom redete mit mir über meinen Lebensweg – über all die Hochs und Tiefs. Sie sagte: „Du hast dich dazu entschlossen, die Integrität der Musik über alles andere zu stellen. Du weißt, wie man in vielen unterschiedlichen Stilen komponiert. Es gibt nur Beschränkungen, wenn du anderen die Idee von kreativer Beschränkung abkaufst. Doch die Kreativität muss aus der Hingabe kommen und nicht aus dem Streben nach Profit. Wenn du also Musik mit der Label-Philosophie eines kommerziellen Modells komponierst, wird es nicht klappen – wie sich bereits herausgestellt hat. Ob du als junges Mädchen mit dem Musen eine Vereinbarung getroffen hast – da bin ich mir nicht sicher.

Doch wenn du mit der Perspektive einer hart arbeitenden Künstlerin kreativ wirst, die anderen etwas anbietet, bin ich mir sicher, dass du ein Ziel erreichst, das deinem Standard gerecht wird und zugleich ihrer von finanziellen Erwägungen geprägten Philosophie …“

Eines Morgens schlenderte ich durch das alte Farmhaus und ging an dem Zimmer vorbei, in dem Großmutter Amos immer in ihrer

Bibel las. Wir waren meist konträrer Meinung gewesen, bis zu ihrem Tod, als ich noch ein Teenager war. Großmutter hatte die männliche Autorität anerkannt, und ich gab mir schon im jungen Alter das Versprechen, als feministische Soldatin für die „Große Mutter" gegen diese Ideologie anzukämpfen. Einmal sagte sie mir: „Eines Tages, junge Dame, wirst du deinen Körper und deine Eigenständigkeit deinem Mann überlassen und die Seele Gott." Ich drehte mich blitzschnell um und entgegnete: „Und was, um Himmels willen, Oma, bleibt mir dann noch?"

Eines Abends während des Besuchs 1990 – Dad saß in einem anderen Zimmer und schaute Nachrichten, und Mom schaukelte im Schaukelstuhl – setzte ich mich an das alte Klavier. Eine Melodie begann sich zu formen. Sie schien durch die Venen der Erde zu kriechen und sich ihren Weg durch die Tastatur in meine Hände zu bahnen.

„Girl" trat an mich heran und überbrachte eine Botschaft.

Ich kann dir helfen, die anderen Songs zu beschützen. Wenn du dich meinem Potenzial öffnest, können wir meinen Song gestalten, der dann als eine Brücke wirkt. Eine Brücke, die uns vom Stil der bereits aufgenommenen Songs zu den neuen Song-Beings führt, die gerade entstehen.

„Girl" war in der Lage, sich zu verbiegen, und entpuppte sich als die Brücke, die das Album benötigte, ohne seine künstlerischen Prinzipien zu verleumden. Sie beugte sich keinen Wünschen, die nach ihrem Gespür nicht mit ihrer Mission übereinstimmten. „Girl" lehrte mir sehr viel und unterrichtet mich auch weiterhin. Sie kämpft jeden Tag um ihr authentisches Ich und erinnert mich daran, dass ich mich weit strecken muss und meinen „Wahren Norden" sehen und hören kann.

„Girl" schwingt zwischen den Zeiten.

Während meiner *Native Invader*-Tour 2017 begann sich „Girl" zu verwandeln und erschien in einem neuen Licht. Die Zuschauer teilten mit mir das Gefühl der Traumatisierung wegen dieser groß angelegten und Angst einflößenden politischen Zäsur, die wir gerade durchlebten und die uns entzweite. Die Musen wiesen mich darauf hin, dass dieses Trauma bei jedem Konzert adressiert werden musste. In jeder Stadt, an jedem Veranstaltungsort. Ich hatte so ein Trauma noch nie erlebt, obwohl ich schon seit 40 Jahren Konzerte gebe. Nein, das hier war ein räuberisches Biest, bereit zum Angriff.

Da ich während des Zweiten Weltkriegs noch nicht geboren war, fand ich keine persönliche Referenz in meinem emotionalen Arsenal – für diese Art von Energie und dieses zerstörerische Ausmaß. Bei jedem Publikum, an jedem Abend schwang eine Kombination aus Ängstlichkeit mit, Trauer, Wut und totalem Schock. Doch bei den Zuschauern gab es auch eine Bereitschaft, sich mit all den Emotionen auseinanderzusetzen, gemeinsam durch die Songs, um die gegenwärtigen Energien zu verschieben. Diese Energien reagierten auf ein brutales, autoritäres Wirrwarr, das versuchte und immer noch versucht, die gesamte Welt als Geisel zu nehmen. Songs wurden angerufen, um die boshaften Energien zu transformieren, gesät von einem räuberischen, uns frontal angreifenden Biest.

„Girl" schritt nach vorn. Sie verstand, dass Amerika angegriffen wurde.

„Girl" verstand, dass nicht nur Amerika angegriffen wurde.

„Girl" vereinte sich mit den anderen Stücken und arbeitete an einem Narrativ, um den Angriff zu bekämpfen.

„Girl" fand ihre Relevanz in der Gegenwart.

Sie erzählte ihre Story, ein Mädchen zu sein, das unterdrückt werde, wonach sie ihre Persönlichkeit über ein ganzes Land erstreckte – die USA –, das die Autoritären in ihren Besitz bringen wollten.

GIRL DISAPPEARING

7 am
so it begins again
1-0 (zip) favoring familiar silhouettes

left whips and chains
behind
I'm boycotting trends
it's my new look this season

riding on backs of palominos
Primed for an attack
it's as good
as good as it gets

with girl disappearing
what on Earth's occurring?
'cause she's right in front of me
a girl disappearing
to some secret prison
behind her eyes
she whispers
,,Big Surprise. there was
no protection by this urban light.
so I'm running to
a constellation
where they can still see you"

Envy can spread
herself so thinly
She slipped in
before I could notice it

in my own war
blood in the cherry zone
when they pit
Woman against Feminist

riding on backs of palominos
ditching the blond shell
working her hell
on that red
carpet

with girl disappearing
what on Earth's occurring
'cause she's right in front of me
a girl disappearing
to some secret prison
but she's right in front of me
a girl disappearing
to some secret prison
behind her eyes
she whispers
„Big Surprise.
there was no protection
by this urban light.
so I'm running to
a constellation
where they can still see you"

then I'm running too
if that's a consolation
'cause I can still
see you

9/11/01. *Midtown, New York City.* 5:30 Uhr
Der Tag begann wie jeder andere Tag während des Promotion-Marathons bei einer Neuveröffentlichung – eine Routine, die ich schon seit Jahren praktizierte.

1. Wasser aufsetzen.

2. Die Teedose aus dem Regal holen. Einige Wahlmöglichkeiten. (Meist schwarz, aber an manchen Tagen auch grün.)

3. Den Tee in der Reise-Teekanne aufbrühen. (Vorzugweise mit einem Teesieb, da die Reinigung einfacher ist.)

4. Schnell in die Dusche. Alle Haarfestiger auswaschen, die falschen Wimpern ab, den Liner runter und auch den Lidschatten von gestern. Normalerweise schläft man damit. (Man weiß ja nie, wann es an der Tür klingelt und eine Feuerwehrübung beginnt oder eine Evakuierung. Hat man sich in genügend Hotels aufgehalten, wird man so etwas nie vergessen.)

5. Allein in der Dusche schaut man zurück, holt Lektionen der Vergangenheit in die Gegenwart, auch peinliche, und ist gespannt auf das Kommende. Und so überlebt man den Promotion-Tanz. Man akzeptiert – wieder einmal –, auf Unterstützer zu treffen und solche, die dich fertigmachen wollen. Das führt dazu, dass man bestimmte Fragen erwartet. Daraufhin führst du dir die Fakten vor Augen. Du verfolgst die Spuren der Entwicklung des aktuellen Projekts.

Die Veröffentlichung von *Strange Little Girls* war auf den 18. September terminiert.

Es war ein Album, bei dem sämtliche Stücke von Männern geschrieben, aber von mir interpretiert wurden. Jeder Song hatte eine Stimme, einen bestimmten Blickwinkel aus der Anima der Komposition heraus. Diese Stimmen hatten sich über Monate mit einem großen Team entwickelt, geradezu einem Think Tank. Die Idee hatte ihren Ursprung im Haus in Florida, während ich im Schaukelstuhl saß und die drei Monate alte Tash in den Schlaf wiegte.

Die Elternschaft stellte für mich eine neue Erfahrung dar, zu einer Zeit, als sich die ersten Weihnachten im neuen Jahrtausend näherten. Neil Gaiman, der feenhafte Pate von Tash, kam plötzlich vorbei, um zu sehen, wie Mark und ich zurechtkamen. Schon bald drehte sich die Diskussion um das Konzept für ein neues Album. Es sollte eine Platte mit Coverversionen werden.

Zum ersten Mal als Mutter zog mich die Vorstellung einer Welt an, in der Männer die Mütter waren. Neil und Mark schnappten sich die Idee mit beiden Händen: Alle Songs sollten von Männern geboren und mütterlich behütet worden sein. Die Stücke sollten dann aus dem Blickwinkel einer anderen Frau neu erzählt werden, der ich eine Stimme geben und sie auch verkörpern würde. Schon bald wurde der Think Tank immer größer und umfasste auch andere, die Songs empfohlen, geschrieben von Männern, die zu ihnen sprachen. Die Gruppe erweiterte sich dann noch um zwei Menschen, die das visuelle Team „antrieben".

Wie immer zählte Karen Binns schon sehr früh zur Kerngruppe des Projekts. Sie und ich arbeiteten seit 1991 als befreundete Künstlerinnen zusammen und feuerten uns in kreativer Hinsicht gegenseitig an. Ihre Expertise besteht in der Übersetzung einer klanglichen Geschichte in eine visuelle Repräsentation. Binns' Stärke liegt in einem wahren Arsenal an Film- und Mode-Referenzen, mit denen sie ein überzeugend wirkendes Foto kreiert. Dann schlossen wir uns mit dem legendären „Gesichtsverwandlungskünstler", sprich Visagisten, Kevyn Aucoin zusammen und arbeiteten monatelang an der visuellen Darstellung der Charaktere. Wir spielten uns gegenseitig die Ideen zu, und langsam entwickelten sich die Geschichten. Sie wirkten durch die klangliche und visuelle Repräsentation dieser Frauen, die wir „Strange Little Girls" nannten, basierend auf dem Stranglers-Song, der sich auch auf dem Album befand. Neil schrieb zu jedem Charakter einen Kurztext für das Booklet, nachdem er die Vereinigung der beiden Think Tanks gesehen und gehört hatte.

Acht Monate, nachdem im Dezember 2000 der Same für das neue Projekt in Florida ausgebracht worden war, spielte ich am 30. August 2001 ein Konzert zur Veröffentlichung des Albums in Londons Union Chapel, mitten während der europäischen und englischen Promo-Tour. Es war meine erste Platte als Mutter mit einem Baby. Nach dem London-Gig reisten einige Crew-Mitglieder mit mir zur Promo nach Kanada. Wir wollten die restlichen Mitarbeiter in New York wiedertreffen. Einige wenige flogen mit Mark und Tash nach Florida. Mark und sein Team bereiteten das Equipment für die Proben vor, die zwei Wochen später als Vorbereitung der *Strange Little Girls*-Tour angesetzt waren, meiner ersten Solotournee nach ungefähr sieben Jahren, also seit der Konzertreise für mein zweites Album *Under The Pink*. Wir nahmen Tash mit, die gerade ein Jahr alt geworden war. Natürlich mussten wir Listen erstellen: ein Babybett für die Bus-Koje, Spielzeug, die Bilderbücher, die – um ehrlich zu sein – eher die Erwachsenen als Tash beruhigten. Ich dachte: *Okay, das wird schwierig werden, und die Band wird nicht dabei sein ... aber wir haben das vor. Konzentriere dich einfach auf die Anforderungen der Promotion, auf das Projekt und darauf, immer präsent zu sein.*

Schließlich schaffte es der Teil meines Teams nach New York, der mich bei der kanadischen Promo begleitete. An diesem Tag mussten wir schon um 9:30 Uhr das Hotel verlassen haben, und somit sollten die Haare und das Make-up bereits um 6:30 Uhr gemacht werden. Die Vorbereitungen für die U.S.-Promo-Woche begannen mit Tony Lucia, der sich um die Haare kümmerte, und Lesley Chikes, die für das Make-up zuständig war und mit der ich seit 1991 regelmäßig zusammenarbeitete. Um 8 Uhr ließ sich Karen Binns blicken, die mit Kleidung aus London kam, die sie für all die verschiedenen Rollen designt hatte.

Wir stimmten die Veranstaltungen der nächsten zwei Wochen mit Karens Outfits aus London ab, als es an die Tür hämmerte. Jerome Crooks, der Tourmanager, rannte ins Zimmer, schnappte sich die Fernbedienung und machte das Fernsehen an.

Es war ungefähr 8:45 Uhr. Wir standen da und sahen, wie der nördliche Turm vom ersten Flugzeug getroffen wurde. Natürlich dachten wir in dem Moment noch nicht, dass die Maschine das „erste" Flugzeug war. (Alle, die das sahen, werden darüber reden, wo sie sich aufhielten und was sie in dem Augenblick dachten.)

Jerome, Les, Tony, Karen, ich – wir sprachen alle ein „Was ist, wenn …" aus. Die Gedanken begannen sich zu jagen, einer den anderen. Jeder versuchte, diesen schrecklichen Unfall zu verstehen: *Vielleicht geschah das, vielleicht auch dies … Flugkontrolle … Ein Pilot mit Funkproblemen …*

Der Verstand versucht, die Gedanken so schnell wie möglich zu verknüpfen. Die schreckliche Erkenntnis, dass man keinen Katastrophenfilm sah, katapultiert dich geradezu in eine Panik.

Und da befinden sich reale Menschen im Flugzeug – keine Figuren irgendwo auf einem großen Film-Set –, und auch noch Menschen in dem brennenden Gebäude, die an dem Morgen aufgestanden sind und gesagt haben: „Ich sehe dich nach der Arbeit", „Ich treffe dich beim Dinner" oder „Ich werde es dich wissen lassen, wenn ich da bin."

Als das zweite Flugzeug einschlug, was alles klar. Keine Verwirrung mehr. *Jesus Christus, wir werden angegriffen.*

Bei einem Schock erheben einige die Stimme und reagieren auf das Gesehene – es ist ein urzeitlicher Schrei des blanken Entsetzens. Andere spüren ihr Herz nicht mehr, das Blut gefroren, eiskalt bis auf die Knochen.

Eine „ohrenbetäubende Stille" breitete sich aus, die ich niemals zuvor oder danach erlebt habe. Sie erstickte den Raum, während die Geister der Kreuzritter der Vergangenheit und Gegenwart unseren Himmel verwüsteten. Du vergisst niemals das Entsetzen auf den Gesichtern der Menschen, als die Opfer dieses Massakers aus den

Fenstern des Turms sprangen oder hechteten, weg von den höllischen Explosionen und in den sicheren Tod. Die Minuten zogen vorbei, doch das Sterben hörte nicht auf. Als wir erfuhren, dass es noch mehr Angriffe gegeben habe, traf es uns direkt in die Frontallappen unseres Gehirns. Wir hörten in Echtzeit, dass zwei andere Flugzeuge mit unschuldigen Menschen zerschellt seien. Wir hörten, dass alle Passagiere um ihr Schicksal wussten, dass es keine engelhafte oder militärische Macht gab, die sie aus den metallenen Tötungsmaschinen befreien und vor ihrem grausamen Ende bewahren konnte.

Eine angegriffene Stadt lässt sich nicht mit einer angegriffenen Armee vergleichen. Armeen stehen unter dem Befehl eines Kommandanten, der für schnelle Anweisungen ausgebildet ist. Es gibt ein antrainiertes Schema, bei dem eine eingeimpfte Disziplin aktiviert wird. In dieser angegriffenen Stadt hingegen irrten kleine Grüppchen und einsame Individuen umher, gestrandet in einem Massenexodus von Millionen. Für so etwas stand uns keine Blaupause zur Verfügung. Für so etwas gab es kein Anleitungsbuch.

Instinkte werden rasant geweckt, doch erst wenn das Blut aus seiner Schockstarre befreit ist und die Schutzhülle des Bewusstseins durchbricht. Eine Hülle, in Lichtgeschwindigkeit von deinem „inneren Schweinehund" aufgebaut. Errichtet, damit du nicht wie ein Häufchen Elend auf einem schäbigen Hotelteppich zusammenbrichst.

Innerhalb weniger Stunden reagierte jeder in dem Zimmer, begann zu handeln. Sie machten sich auf die Suche nach ihren Leuten. Ich hetzte in die SIR-Proberäume, um die Crew zu suchen. Für den Nachmittag war eine Probe angesetzt worden. Doch an diesem Tag war es eigentlich nur natürlich, alles abzusagen.

Teams bleiben zusammen, und darum hielten sie sich da auf, mit den Instrumenten und dem restlichen Equipment, kämpften gegen den Schock an. Tee und Kaffee wurde gemacht und in die Tassen gefüllt. Die Crew war da und auch die Backline. Sie sind immer für mich da. Ein überaus bekannter und ikonischer Künstler, gebucht für den Raum neben uns, war noch nicht angekommen. Tatsächlich waren wir dort also die Einzigen, und ich dachte: *Vielleicht sind wir verrückt.* Wie in – da stimmt was nicht in deinem Oberstübchen. Und das mag möglicherweise auch so gewesen sein. Doch ich wusste damals nur eins: Die Disziplin der Probe und das Glaubensbekenntnis *Finde das Piano, egal, was auch geschieht* sind wichtig. Oder ehrlicher gesagt *Finde das Piano und die Crew, egal, was auch geschieht.* Nun, das rettet dir den Verstand.

Dann wurde Musik gemacht. Meist ist es das Einzige, was ich tun kann, auf das ich mich zurückziehe. Auch wenn nichts in mein Bewusstsein eindringt, findet das Piano meine Hände und leitet sie zu einem Song an. Als sich diese schlängelnden Melodien in dem Proberaum wiederfanden, gab es vielleicht nichts Erinnerungswürdiges, doch möglicherweise entstanden aus ihnen die Keimzellen, aus denen ein Teil von *Scarlet's Walk* erwuchs, ein noch nicht geborenes Album.

I CAN'T SEE NEW YORK

From here
no lines are drawn
from here
no lands are owned
13,000 and holding
SWALLOWED
in the purring
of her Engines

tracking the Beakon
here
„is there a Signal
there
on the other side"

on the other side?
what do you mean
side of what things?

and you said
you did
and you said
you would find me
here
and you said you would
find me
even in Death
and you said
you said you'd find me

But I can't see New York
as I'm circling down

through white cloud
falling out
and
I know his lips are warm
but I can't seem
to find my way out
my way out I can't see
New York
as I'm circling down
through white cloud
falling out
and I know
his lips
are warm
but I can't seem
to find my way out
my way out
of this Hunting Ground

≀ ≀ ≀

From here
crystal meth
in meters of millions
in the end
all we have
soul blueprint.
did we get lost in it
do we conduct a search for this

„from the other side"
From The Other Side?
what do they mean …
side of what things?

and you said
you did
and you said
you would find me
here
and you said you would find me
even in Death
and you said
you'd find me
But I can't
see New York
as I'm circling
down through white cloud falling out
and I know
your lips are warm
but I can't seem to find my way out
my way out I can't see
New York
as I'm circling down
through white cloud falling out
and I know
your lips are warm
but I can't seem
to find my way
my way out
of your hunting ground
you again
it's you again
I can't see
I can't see
New York
from the other side

from the other side.

Rev. Dr. Edison McKinley Amos, 1983.

May the Joy of that First Christmas fill your home with Happiness

Epworth Chapel Parsonage Family: Edison, Mary Ellen, Mike, Marie & Ellen Amos

OBEN: Ed und Mary, 1949.

LINKS: Eine Weihnachtskarte
der Familie, 1970.

OBEN: Mary Ellen Copeland (Mom), 1947.

LINKS: Großpapa mit Mary Ellen Copeland,
Dreißigerjahre.

At 17, Student Sings a Song of Success

By KATHRYN TOLBERT
Washington Post Staff Writer

BY JAMES A. PARCELL—THE WASHINGTON POST

Ellen Amos singing and playing at the Capital Hilton Bar.

Scene one: The Capital Hilton bar. Dim lights, ice clinking in glasses, laughter a little too loud. To one side of the room, at the piano, a woman leans into the microphone and sings, "Some say love, it isn't easy. . ."

Scene two: The living room of a two-story brick house on a winding suburban street. The same young woman, a high school senior, is perched at one end of the sofa. "I want to be a legend," she says unabashedly.

Another star-struck teen-ager with an ear for music and dreams of the pop charts? Perhaps. Or then again, Ellen Amos may one day be the hit recording artist that she is determined to be.

And if legends are born in places like Eastern Junior High School in Silver Spring or Richard Montgomery High School in Rockville, she is well on her way.

There they know Ellen for her renditions of the pop hits as well as for her own songs and for her love of singing and playing for an audience.

"I was a star at Eastern, but I tell you, that doesn't get you on the radio," she says realistically.

Her senior class elected her homecoming queen, but already her sights are set beyond high school, which she calls a "hobby that sometimes gets in the way."

"One of the reasons I'm an entertainer is because my father's a minister," she explained. "I meet so many people and get so much attention."

The Rev. Dr. Edison Amos of the Rockville United Methodist Church wholeheartedly supports his daughter's ambitions. For a year, he and his wife Mary Ellen spent every Friday night in the restaurant-bar called Mr. Smith's in Georgetown while Ellen, then 14, sang.

"Most of us who grew up during the World War II years want our kids to go to college," said Rev. Amos. "But I've found in counseling parents that some parents have a psychological mindset that works to the detriment and sometimes the devastation of youngsters. I've come to realize that for her, we have to change for her if she's going to become a national recording artist."

"My concern is to get her into entertainment without her entering a lifestyle that is self-destructive," he said.

Amos, who has played the piano since the age of 3 and read music before she could read words, cut her first single this fall, "Walking with You" on one side and "Baltimore" on the other. She wrote "Baltimore" in honor of the Baltimore Orioles, hoping they would win the American League's eastern division title. Baltimore mayor William D. Schaefer gave her a citation of merit last month for the song.

She took music lessons at the Peabody Institute of Music in Baltimore when she was in elementary school, and has been studying voice and music at Montgomery College for the past five years.

Sometimes she feels obligated to justify her love for popular music: "What's good singing? You're just appealing to people's likes and dislikes. Who's to criticize? What they like sometimes is what they hear the most."

Songs by the Beatles, James Taylor and Julie Andrews are high in her repertoire that includes most of the popular tunes since the 1940s. Since singing at Mr. Smith's, Ellen has performed at dozens of parties, clubs, schools, colleges and even basketball games. In November, the Capital Hilton signed her for a month, and she'll be back there next year.

For a 17-year-old raised in a minister's well-disciplined home, where is the common ground with the lifestyle and experiences that rock stars sing about?

"I think I'm perceptive. You don't always have to go through things to feel them," she said. "Being a minister's daughter, I could tell the moods of people my father counseled. I've been through a lot because so many people I know have been through a lot."

Washington Post, Dezember 1980.

Ellen Amos: The Marbury Woman

BY ROGER PIANTADOSI

There was music coming out of this newish-looking brick building on M Street the other night — a sultry female voice, singing something by Stevie Nicks. Coming right out of the building, it seemed. My companion and I exchanged unknowing looks. We remained cool, however, because this was Georgetown, and we were already on thin ice.

Underdressed, that is: no feathers, no leather, no wet look. Just jeans with only one zipper apiece, and shirts with buttons. Cautiously, we investigated.

NIGHTLIFE

Glad we did.

The musical building, at the corner of 30th and M, is the Marbury House — a rather low-visibility, 164-room hotel under recent new ownership. Since they appeared about three years ago, the Marbury's brick arches and covered driveway haven't said a whole lot to passersby. Nowadays, however, they say more. Or sing, actually.

The music comes through speakers, from the Marbury's Lion's Gate Taverne inside — a relatively tiny, undistinguished hotel bar made substantially more distinguished by the source of that voice: one Ellen Amos. Age: 20. Appearance: 10 (as in the movie). Energy level: 7.5 (as in Richter).

Amos, who is also occasionally known as Tori, may very well be a famous pop star someday. An accomplished pianist and gutsy singer, this Rockville minister's daughter entered the Peabody Conservatory at age five but dropped out at 11 because, among other things, she was prone to apply a Beatles sensibility to Beethoven sonatas.

The other night, she demonstrated this happy sacrilege by whipping Beethoven's Sonata in F Minor into something even a fat man in a blue business suit could dance to. (The man in the suit, however, preferred merely to turn around in his seat and wink. This happens a lot — but less often after 10 p.m., when more people come specifically to listen to Amos, and fewer wear suits.)

Amos has been on the lounge circuit around Washington since she was (no lie) 13; now that she no longer has to arrive at work with a legal guardian, she's been to the West Coast twice this year for some exploratory studio work. For the time being, however, she can be found — free of admission, and free of pretension — every Monday through Friday night, 6 till about 11:30, at the baby grand amid the 50 soft seats of the Lion's Gate.

Ellen Amos: making the rafters ring and bricks sing.

Singing her heart out, mostly, and possibly yours.

My companion leaned over to whisper to me as Amos sipped hot tea from a wine glass after playing two requests — "Tiny Dancer" and (I didn't believe it either) "The Marine Corps Hymn" — plus a funky original (of which she has no end). Amos did all three with much feeling and finesse.

"Don't tell anyone about this place," said my friend.

Sure.

LION'S GATE TAVERNE — At the Marbury House Hotel, 3000 M Street NW. Open 4 p.m. to about 1 a.m. daily. No food (available downstairs in Tom & Jimmy's Restaurant until 10:30 p.m.); drink prices are reasonable for a hotel — especially one in Georgetown. No live entertainment Saturday or Sunday, but hotel manager Louis Marcus says it's planned, and probably live jazz. Tables outside — under the speakers — in nice weather. Brunch on Sundays (this Sunday with Amos at the piano). 726-5000.

Marbury Woman, 1984.

LINKS: Mary und Tori, 1984.

UNTEN: In der Piano-Bar im The Marbury House, 1983.

Successful pop-rock pianist/composer Tori Ellen Amos attended the Peabody Prep from the age of five, studying piano and music theory. By the age of thirteen, she was playing piano for tips in Washington, D.C. clubs, and now she performs her own music in clubs all over the country. "I've been trained by the best, and I have to respect that training," Ellen says about her Peabody days. "The problem was—you see, I had this ear. I could hear anything and play it back to you verbatim. And I would improvise on things, and they don't like that. They said, 'No, no! You have to read.'"

OBEN: *Peabody News*, 1985.

RECHTS: Mit meiner Schwester Marie, 1979/80.

NACH EINER WEILE VERLIESSEN einige den Proberaum, und wir machten uns zum Stadtzentrum auf. Überall eilten Menschen umher, in alle Richtungen. Die U-Bahnen waren geschlossen worden. Alle Flugzeuge befanden sich am Boden, ausgenommen die des Militärs oder der Strafverfolgungsbehörden. Wir gingen einen langen Weg, bis der ätzende Geruch geschmolzenen Metalls in unsere Nasen stieg. Mich überkam eine Hustenattacke, woraufhin wir kehrtmachten.

Sogar *Letterman* war abgeschaltet worden, und niemand konnte sich sicher sein, wann er wieder auf Sendung ging. Ich hatte im Laufe der Jahre schon oft in der Show gespielt und sollte auch in dieser Woche parallel zur Veröffentlichung des Albums auftreten. Jerome hörte von Bussen, in denen die Menschen aus der Stadt flohen. Man konnte also raus, doch es war schwierig, wieder nach New York rein zu kommen. Die Leute eines Bandbusses mit dem Ziel Miami hatten mir netterweise eine Koje angeboten, hätte ich einen Ausweg gesucht. Doch es fühlte sich nicht richtig an, die Stadt zu dem Zeitpunkt zu verlassen. Ich hatte mit Mark wenige Minuten nach der Attacke mit dem zweiten Flugzeug gesprochen, doch danach konnte ich niemanden mehr erreichen.

Einige aus der Crew kamen ins Hotel, um etwas zu essen. Im großen Speisesaal wurde ein Büffet aufgebaut. Eine ältere Dame bediente sich daran und ließ etwas in ihrer Handtasche verschwinden. Man sah die Angst in ihren Augen – das Unwissen darüber, ob es am nächsten Morgen noch Essen gäbe.

An genau diesem Tag sagte George W. Bush: „Direkt nach dem ersten Angriff aktivierte ich den Notfallplan der Regierung. Unser Militär ist stark, und es ist vorbereitet … Wir werden keinen Unterschied zwischen den Terroristen machen, die diese schrecklichen Taten begangen haben, und denen, die ihnen Unterschlupf bieten … Amerika und unsere Freunde und Verbündeten schließen sich mit allen zusammen, die Frieden und Sicherheit in der Welt wollen, und wir werden zusammenstehen, um den Krieg gegen den Terrorismus zu gewinnen … Amerika hat schon früher Feinde zurückgeschlagen, und das werden wir wieder tun."

Nun wurden die Kriegstrommeln geschlagen.

Einer aus der europäischen Crew sprach das aus, was schon bald Realität sein würde: „Das ist es – nun haben wir es. Die Raubvögel haben die totale und gesamte Kontrolle an sich gerissen. Der Krieg wurde erklärt – jedem, der ihrer Meinung nach einen Terroristen versteckt."

Bei der älteren Dame, die sich das Essen in die Handtasche gestopft hatte, funkelte die Angst vor dem Dritten Weltkrieg in den Augen. Während ich dies all die Jahre später niederschreibe, befinden wir uns immer noch im Krieg – und zwar im selben Krieg.

Auf den Straßen von New York befestigten die Überlebenden nach 9/11 überall weiße Flyer und bettelten verzweifelt um neue Informationen über Vermisste. Das Foto eines Mitarbeiters oder eines Geliebten schaute dich direkt an. In dem Augenblick ertappte man sich dabei, eine kurze, intime Mahnwache für die Person zu halten, die man nicht gekannt hatte, aber nun kennen wollte. Und dann stand man vor einem anderen Fetzen Papier und sah das Antlitz eines Fremden, unsterblich in einem in der Zeit eingefrorenen Bildrahmen, doch verloren, irgendwo in der Gegenwart.

Und ständig kreisten Flugzeuge über uns.

Schon bald begann ich damit, all die überwältigenden Emotionen in Songs zu verarbeiten, Emotionen, die ich auf keine andere Art ausdrücken konnte. Bis zum heutigen Tag ist es für mich unmöglich, passende Worte zu finden, um die emotionale Färbung, die ich damals wahrnahm, auszumalen. Das liegt auch daran, dass es nicht nur eine einzige Stimmung gab. Und keinen einzigen Song, der das Geschehen in seiner Bandbreite einfangen konnte.

Am Ende der Woche war das Studio von *Letterman* immer noch dunkel, und niemand wusste, wann sich das ändern würde. Wir hatten eine Autogrammstunde in einem Plattenladen am Union Square für den 19. September geplant, doch bis dahin wurde alles – womit die Promo gemeint ist – natürlich/unnatürlich abgesagt. Jerome fand einen leeren Tourbus, der in New Jersey wartete, und ich wollte unbedingt Mark und Tash sehen. In der Musikindustrie reisen die Road Crews meist in Bussen, ausgenommen Iron Maiden, die bei ihren Tourneen selbst fliegen. Doch die meisten Teams müssen sich die harte Straße gefallen lassen – und ich folge meist ihrem Beispiel. Zusammen mit zwei Fahrern machten wir uns auf den Weg nach Florida – Lesley (Make-up im Promoteam), Tony (Haare) und Jerome (Tourmanager).

Wir hielten nur zum Tanken und Essen an. *Einfach nur nach Florida kommen* lautete die Devise, denn keiner wusste, wann wir vielleicht umdrehen müssten.

Nach dem Passieren der Mason-Dixon-Linie, als wir immer weiter in den Sünden vordrangen, wurde das „Angestarrt werden" zur Realität. Ich kann es immer noch sehen, eingebrannt in meinem Bewusstsein. Und was sie damit sagen wollten, war: KEIN EINZIGER von euch stammt aus dieser Gegend! Wir waren ein buntes Grüppchen: Les stammte aus der Modewelt und ihre Lippen waren immer mattrot, Tony, ein stolzer schwuler Latino, kam aus New York und New Jersey, Jerome, ein cooler afroamerikanischer Typ mit einem Händchen fürs Geschäft wohnte in L.A., nicht zu vergessen die zerzaust aussehende Feministin (also ich) und die beiden Busfahrer, die in nur wenigen Tagen Tausende von Kilometern abrissen.

Wenn wir uns in der Gruppe zum Essen hinsetzten, fragte die Kellnerin gerade heraus: „Wo seid ihr denn alle her?"

Wenn wir antworteten: „Wir kommen gerade aus New York City", begannen die Umarmungen. Trucker und andere Kellnerinnen gesellten sich zu uns. Nun gab es keine Nord/Süd-Trennlinie mehr. Es gab überhaupt keine Trennung mehr.

Wir erlebten einen Austausch wahren Mitgefühls.

Das geschah auch im tiefen, tiefsten Süden, wo man Les' britischen Akzent nicht verstand und ich manchmal den Eiiin-grooooßes-Glaaaas-süüüüüßen-Teeees-Akzent der Bedienung unser kleinen

Gang übersetzen musste. Und sogar hier fand keine Trennung mehr statt, keine Diskriminierung.

Und das trotz der Tatsache, dass der Evangelist Jerry Falwell Gast bei Pat Robertsons *700 Club* gewesen war. An einem Punkt des Programms begann Falwell gegen die zu wettern, die er hinter den Terroranschlägen von 9/11 vermutete und begründete das folgendermaßen: „Was wir am Dienstag sahen, so schrecklich es auch war, könnte nur ein winziges Vorspiel gewesen sein, wenn Gott sich dazu entschließt, den Vorhang zu öffnen, und es den Feinden Amerikas erlaubt, uns das zu geben, was wir vermutlich auch verdienen." Dann fuhr er fort: „Die Abtreibungsbefürworter müssen einen Teil dieser Last tragen, denn Gott wird sich nie herausfordern lassen. Und wenn wir 40 Millionen kleine unschuldige Babys töten, treiben wir Gott in den Wahnsinn. Ich glaube fest daran, dass es die Heiden und die anderen Abtreibungsbefürworter sind und die Feministinnen und die Schwulen und die Lesben, die aktiv versuchen, das zu einem alternativen Lebensstil zu machen, die A.C.L.U., die People for the American Way, all diejenigen, die versucht haben, Amerika zu säkularisieren − ihnen zeige ich mit dem Finger ins Gesicht und sage: ‚Ihr habt mitgeholfen, dass das passiert ist.‘"

Robertson antwortete: „Nun, da stimme ich voll und ganz zu, und das Problem besteht darin, dass wir diese Agenda auf den höchsten Regierungsebenen übernommen haben."

Die Worte solcher Menschen halfen sicherlich nicht. Du könntest ihre Art Schuldzuweisung als blinde Moral bezeichnen. Und dann gab es noch die Leute, die behaupteten, dass sie beim Einsturz der Türme in New Jersey jubelnde Moslems gesehen hätten. Menschen trafen die bewusste Entscheidung, als Opportunisten die schreckliche Tragödie auszuschlachten. Die Öffentlichkeit zu einem alles verzehrenden Hass aufzustacheln. Ja, die Terroranschläge waren zutiefst böse. Doch ein Land in der Trauerphase von hinten anzuquatschen und in Versuchung zu führen, einen bestimmten Gott ins Spiel zu bringen und von einer Position des Hasses aus zu wüten, war auch zutiefst böse.

Das geschah am Tag vor dem Trauergottesdienst in der National Cathedral in Washington, der am 14. September stattfand. Bei dem Gottesdienst sprach Präsident Bush die Menge direkt an: „Unsere geschichtliche Verantwortung ist klar: Wir müssen auf die Anschläge antworten und die Welt vom Bösen befreien."

PANCAKE

I'm not sure who's fooling who here
as I'm watching your decay
we both know you could deflate
a 7 hurricane
seems like you and your tribe decided
you'd rewrite the law
segregate the mind from body from soul

You give me yours
I'll give you mine
'cause I can look your God right in the eye

You give me yours
I'll give you mine
You used to look my God
right in the eye

I believe in defending
in what we once stood for
seems in vogue to be a closet
misogynist homophobe

a change of course
in our direction
a dash of truth
spread thinly
like a flag on a popstar
on a benzodiazepine

You give me yours
I'll give you mine
'cause I can look your God right in the eye

You give me yours
I'll give you mine
You used to look my God
right in the eye

Oh Zion please remove your glove
and dispel every trace
of his spoken word
that has lodged
in my vortex

I'm not sure who's fooling who here
as I'm watching our decay
we both know
you could deflate a 7 hurricane
you could have spared her
oh but NO
messiahs need people dying in their name
you could have spared her
oh but no
messiahs need people dying
in their name
you say, „I ordered you
a pancake"
you say, „I ordered you a pancake."

DIE ERKENNTNIS: ICH WAR auf Tour gewesen und zu einem Zeugen geworden. Zur Zeugin, welch gegensätzliche Reaktionen ein so katastrophales Ereignis bei Menschen auslösen kann. Reaktionen, die sich 19 Jahre später nicht nur auf Amerika auswirken, sondern auf die ganze Welt. Der Ground Zero wird von den Architekten einer brutalen Politik herangezogen, um ein Null-Toleranz-Vorgehen zu rechtfertigen. Ground Zero wurde als Waffe eingesetzt, um in einen anscheinend niemals endenden Krieg einzusteigen.

Nur wenige Stunden, nachdem wir es nach Florida geschafft hatten, erreichte mich ein Telefonanruf. Wir mussten wieder in den Bus steigen und nach NYC zurückkehren. Die erste *Letterman*-Show nach der Tragödie würde ohne Musik stattfinden, doch ich sollte bei der zweiten einen Song spielen.

Man hatte mir geraten, die komplette Tour abzusagen und damit dem Beispiel anderer Künstler zu folgen. Einige Bands waren in Städten gestrandet, wo sie eigentlich auftreten sollten, doch so viele Veranstaltungsorte waren geschlossen und sollten auch über eine Woche lang zu sein. Bevor ich wieder in den Bus stieg, ließ ich meine Augen über den Indian River schweifen und versuchte, mir über die beste Lösung klar zu werden. Wenn andere Künstler – in Anbetracht der gegebenen Umstände – die für sie richtige Entscheidung fällten und Konzerte absagten musste das nicht auch auf mich zutreffen.

Mark bestärkte mich: „Schau mal, Frau, ich bin da, was auch immer du machen willst."

Und ich antwortete: „Weißt du was, Ehemann, wenn ich tief in mir das Gefühl hätte, dass wir die Zuschauer unserer Shows einer Gefahr aussetzten, würde ich direkt anrufen und absagen. Aber wenn du zu mir stehst und Tash in den Armen hältst, weiß ich, dass wir drei gemeinsam mit dem Team da draußen sein müssen – um Zeugen zu sein, was wirklich als Nächstes geschehen wird. Wir müssen Informationen austauschen mit den Leuten, die andere Sichtweisen haben und Zugang zu anderen Informationen. Nur dann können wir ein Gespür dafür entwickeln, was im Land vor sich geht. Ich spüre es in meinem Innersten, es fühlt sich richtig an, auf Tour zu gehen."

Auf der Busfahrt zurück nach New York war es sehr still. Wir alle hingen unseren Gedanken nach. Die Vorstellung, dass Amerika sich in einem Zustand der inneren Stärke befand, ließ mich nicht los. Eine Stärke, die ich in meinem Leben noch nicht erlebt hatte. So viele Menschen auf der ganzen Welt überschütten uns mit Liebe. Wir mussten nicht rasch und ungestüm reagieren. Wir sollten der Klugheit Vorrang lassen.

Stell dir das vor: Die mächtigste Nation in der Geschichte der Menschheit holt nicht (!) aus und gibt nicht (!) die gedankenlose Macho-Antwort: Gewalt.

Während uns der Bus aus Florida hinausbrachte und in den tiefsten Süden, ertappte ich mich beim Versuch, diejenigen in Washington gedanklich zu beeinflussen, damit sie ihr weises Ich fänden und nicht ihr paranoides Ich. *Sicherlich werden alle Politiker das genau durchdenken. … Die kaum vorstellbare Verantwortung, das weltweit mächtigste Militär zu haben und nicht den Tod zu entfesseln.*

Die Disziplin zu haben, die nötig ist, um *nicht* impulsiv zu reagieren und die Bastarde einfach in die Steinzeit zurückzubomben, ist die wahre Disziplin, angewandt von weisen Männern und Frauen, besonders wenn ihnen die Truppen zur Verfügung stehen und die Artillerie, um jede Stadt dem Erdboden gleichzumachen.

Die Disziplin zu haben, um Informationen zu sammeln und nicht den offensichtlichen Weg einzuschlagen, den die meisten mächtigen Männer anstreben – was bedeutet, Stärke durch Gewalt zu zeigen.

Die Busräder drehten sich weiter und weiter.

Stell dir das vor: Amerika schlägt für sich einen Pfad ein und – ja – findet und ergreift die hinter den Anschlägen steckenden Terroristen, doch dank strategischen und klugen Handelns. Durch geschicktes und raffiniertes Vorgehen und den Aufbau von Beziehungen könnte man eine neue Welt errichten. So sieht Macht aus, wenn sie in den richtigen Händen liegt. Ein Häuptling, zu dem jeder im Stamm aufschaut, da er in seinem Kopf jeden Schachzug durchspielt, der ihm möglich ist. Er weiß, was seine Feinde von ihm erwarten. Um ihn herum sind Leute, die seine Strategien hinterfragen, mögliche Auswirkungen sehen, erkennen, welche Schachzüge dem Feind in die Hände spielen könnten. Das ist Besonnenheit. Die liebe, immer unterbewertete Besonnenheit. Stell dir so einen Anführer in der Zeit einer Krise vor. Einen Anführer, der zuerst Amerika dient. Keinen Geschäftsinteressen. Keinen Kumpanen oder Rüstungsfirmen, die immer reicher werden, reicher auf den blutverschmierten Rücken unserer Männer und Frauen.

Nein, wir brauchen einen Oberbefehlshaber, der Amerika mehr liebt als seine Deals oder sein Rachebedürfnis bei denen, die seine Motive hinterfragen. Es gibt eine kluge Frage, die ein verantwortungs-bewusster Kriegsrat stellen würde: Was treibt sie dazu an, das zu tun, was sie tun wollen, Mr. Präsident? Und dann müsste das Gremium den Präsidenten hinsichtlich seiner Befehle zur Verantwortung ziehen – oder die Mitglieder sollten ihren Dienst für unser Land aufgeben.

Während der Bus immer weiter in den Norden vordrang, ver-spürte ich Hoffnung. Amerika könnte das Beispiel für den „richtigen Einsatz der Macht" sein, damit entrechtete junge Männer es nicht mehr erstrebenswert fänden, den Tötungs-Schwadronen beizutre-ten. Und das könnte doch geschehen, wenn Amerika zeigen würde, dass wir rational agieren und nicht so, wie wir von den islamischen Extremisten porträtiert werden.

Zwischenzeitlich waren wir schon in Carolina.

Welchen Song sollte ich nur bei *Letterman* spielen?

Seit dem Angriff auf die USA war schon fast eine Woche vergan-gen. An Truck Stops und in Cafés neben dem Highway drückten einige Leute ihre Frustration und Verwirrung aus. Menschen waren verletzt. Die Gefühle ungestüm. In jedem, den wir sahen, klaffte eine große emotionale Wunde. Doch noch war keine Möglichkeit der Hei-lung für diese Wunde gefunden worden. Was geschähe, wenn sich die Wunde nicht schlösse, wenn sie infiziert würde, statt zu heilen? Zur Heilung bedarf es des Wissens. Um an dieses Wissen zu gelangen, erforderte es schwierige Fragen. Und diese Fragen hätten uns möglicherweise unserem Führungspersonal näher gebracht, und wir hätten Bilanz gezogen, was ihnen vorschwebte. Vielleicht mussten wir uns der Welt auf einem anderen Weg nähern. Strategisch und mit List. Obwohl das Wort „Krieg" vom Präsidenten schon ausgesprochen worden war, fühlten sich die Menschen in ihrer damaligen Stimmung dazu noch nicht bereit. Einige tausend Meilen in nur wenigen Tagen auf der Straße zu sein, half mir dabei, diese Tatsache zu bezeugen.

Und nein, ich war noch nie an der Westküste gewesen. An dieser Westküste und insbesondere in Santa Monica, wo einer der zukünftigen Architekten der Null-Toleranz-Bewegung die Highschool besuchte. Sein Name war Stephen Miller, doch das wusste ich damals nicht. Im Laufe der Wochen und der Jahre bis heute ist es offensichtlich geworden, dass einige den Horror von 9/11 politisieren, um ihre eigenen Vorstellungen durchzudrücken. Und es ist genauso klar, dass auf lange Sicht zwei auseinanderklaffende Perspektiven und zwei Amerikas entgegengesetzte Wege einschlugen und dass 9/11 in nur wenigen Tagen von den Raubvögeln vereinnahmt wurde.

Ich war damals dort. Nach Tausenden zurückgelegten Meilen, bei denen ich das Gesehene dokumentierte, traf ich in New York City auf keinen Hass. Mir begegneten Trauer, Schmerz und Verlust. Und ich sah Menschen verschiedener Kulturen, die zusammen rauchten, sich zuhörten und kommunizierten und sich im gemeinsamen Verstehen in den Armen lagen. Das zu sehen, war wunderschön.

Der Druck, die Erste zu sein, die bei *Letterman* Musik zum Besten gab, lastete extrem auf mir. Ich zog „Imagine" in Betracht, doch dieser Song antwortete nicht auf den Schmerz, den ich an der Ostküste beobachtet hatte. Der von mir ausgewählte Song musste den Schmerz der Nation direkt ansprechen und ihn widerspiegeln. So entschied ich mich, „Time" zu spielen, einen Titel des großartigen Songwriters Tom Waits, den ich schon auf dem *Strange Little Girls*-Album gesungen hatte.

Am Abend nach dem Auftritt bei *Letterman* gab ich im Virgin Megastore am Union Square eine Autogrammstunde für das neue

Album. Die Laternenmasten waren immer noch mit Flyern über-
sät, mit den Gesichtern der immer noch Vermissten. Immer noch
fanden Trauerwachen statt, bei denen sich die Flammen der Kerzen
im Wind wiegten, aber nicht ausgingen.

An dem Abend besuchten mich viele Menschen, um mir alles
nur Erdenkliche zu erzählen. Ein junger Mann sagte: „Ich bin kein
Fan deiner Musik, aber ich habe meinen Onkel verloren und fand
keinen anderen Ort, an den ich gehen konnte." Wir hielten uns
in den Armen und verschütteten echte Tränen. Andere sprachen
die Warnung aus, dass wir am Rande eines Krieges stünden – dass
die Raubvögel zu einem großen Krieg bereit seien. Und wiederum
andere meinten: „Egal, was auch geschieht, kapituliere nicht vor dem
Druck von Gott weiß wem, die Tour abzusagen."

Jemand erklärte mir den Grund dafür, ehrlich, aber zugleich auch
unheilvoll-geheimnisvoll: „Wir brauchen einen sicheren Versamm-
lungsort zum Informationsaustausch. Auf eine bestimmte Art hilft
uns eine Tour. Da es sich dabei um Musik dreht, wird es für einige
von uns zu einem idealen Hintergrund. Ich hoffe, dass dich das nicht
beleidigt."

Okay, dachte ich. *Ich kann den Raum freihalten.*

Am nächsten Tag, dem 20. September 2001, hielt der Präsident
eine Rede an den Kongress und die Nation. An einem Punkt sagte
er: „Dieser Krieg wird nicht wie der Krieg gegen den Irak vor einer
Dekade sein, mit dem erklärten Ziel der Befreiung des Landes und
einem schnellen Abschluss. Er wird auch nicht dem Luftkrieg über
dem Kosovo vor zwei Jahren ähneln, wo keine Bodentruppen eingesetzt wurden und kein einziger Amerikaner im Kampf fiel.

Unsere Antwort erfordert mehr als eine direkte Vergeltung
und vereinzelte Angriffe. Die Amerikaner sollten keine einzelne
Schlacht erwarten, sondern einen langwierigen Einsatz, so wie
wir ihn bisher noch nie gesehen haben. Möglicherweise werden
wir im Fernsehen dramatische Angriffe beobachten und darüber
hinaus verdeckte Operationen durchführen, geheim, auch im Falle
eines Erfolgs.

Wir werden die Finanzen der Terroristen austrocknen, sie gegeneinander ausspielen und sie von einem zum anderen Ort jagen, bis es keinen Rückzugsort mehr gibt.

Und wir werden die Nationen verfolgen, die ihnen helfen oder einen sicheren Hafen für den Terrorismus bieten. Jede Nation in jedem Winkel der Erde muss nun eine Entscheidung fällen: Entweder steht ihr zu uns oder zu den Terroristen."

Bei einem Radiosender zeigte mir ein DJ eine Liste mit zensierten Songs, also den Titeln, die nach der Tragödie nicht gespielt werden durften. Es überraschte mich natürlich nicht, dass sich darauf Stücke mit den Begriffen „Flugzeug", „Feuer" und „Einschlag" fanden. Doch dann sah ich ein Wort.

Imagine.

„Imagine" war zensiert worden.

Der Typ vom Radio meinte zu mir: „Kannst du dir vorstellen, dass diese Clowns ‚Imagine' zensiert haben?"

Meine Antwort lautete: „Ja, ich kann mir tatsächlich vorstellen, dass die Raubvögel ‚Imagine' nicht hören wollen. Sie haben das Stück zensiert, da Songs gefährlich sein können. Die Ideologie hinter ‚Imagine' steht für all das, was die Massen ihrer Meinung nach vergessen sollen."

Die *Strange Little*-Tour begann am 28. September 2001.

FATHER'S SON

steady girl on your feet
you and your wonderings
bread can feed a few
so can some cartoons

so it ends so it begins
I'm my Father's Son
plant another seed of hate
in a trusting virgin gun

steady girl for the show
God versus God ringside
littered with corpses
neither God can forgive
so the desert blooms
strawberry cactus
can you blame Nature
if she's had enough of us

so it ends
so it begins
I'm my Father's Son
plant another seed of hate
in a trusting virgin gun

≀ ≀ ≀

steady boy watch them pray
to You I suspect
if you keep my flesh firm
I'll ready those sacraments

so it ends
so it begins
I'm my Father's Son
so it ends
so it begins
I'm my Father's Son
plant another seed of hate
in
another
Father's
Son

AM 27. SEPTEMBER 2018, UM 9:59 SCHICKTE RAINN – das Rape, Abuse and Incest National Network – eine Nachricht über seine Plattformen. „Wir erleben momentan eine bislang noch nie da gewesene Wartezeit bei unserem Online-Chat. Falls es Ihnen möglich ist, wählen Sie die Nummer 800.656.HOPE (4673), oder loggen Sie sich morgen beim Chat ein. Befinden Sie sich in unmittelbarer Gefahr, wählen Sie die 911."

Dr. Christine Blasey Ford hatte dem Rechtsausschuss des Senats alle schmerzhaften Einzelheiten über den sexuellen Übergriff von Brett Kavanaugh, nominiert für den Obersten Gerichtshof der Vereinigten Staaten, anvertraut. Sie war zum angeblichen Tatzeitpunkt 15 Jahre alt. Als sie bei der Anhörung gefragt wurde, warum sie sich so sicher sein könne, dass es Kavanaugh gewesen sei, der sie angegriffen habe, antwortete sie: „Noradrenalin und Adrenalin kodieren Erinnerungen im Hippocampus … Das Gelächter ist im Hippocampus unauslöschlich." Laut ihrer Zeugenaussage erinnerte sie sich an das Lachen der Angreifer, der beiden jungen Männer, die sich mit ihr im Zimmer aufhielten. Sie war sich zu 100 Prozent sicher, dass er es gewesen war.

Zwischen dem Donnerstag und dem darauffolgenden Sonntag nach der Zeugenaussage erlebte RAINN einen Zuwachs von 338 Prozent bei Hotline-Anrufen. Seit RAINN 1994 ins Leben gerufen wurde, war Freitag, der 28. September, also der Tag nach Dr. Fords Aussage, der meistfrequentierte Tag in der Geschichte der Hotline.

Es war ein entscheidender Tag. Entscheidend, denn egal, welche Emotionen die ausführliche Befragung im Land hervorgerufen hatte: Sie lieferte den Beweis, dass Überlebende eines sexuellen Übergriffs sich weigerten, einfach schweigend zu *verschwinden*. [Im amerikanischen Sprachgebrauch bezeichnen sich Frauen, die einen Missbrauch, egal in welcher Form erlebten, als „Überlebende", was im Gegensatz zur juristischen Nomenklatur und zum deutschen Sprachgebrauch steht; Anm.]

Viele Menschen und auch Organisationen wie RAINN riefen den Senat an, die abschließende Abstimmung zu verschieben und sich erneut Kavanaughs Background Check vorzunehmen, um mit Blick auf die Anschuldigungen gründlicher zu ermitteln. Stattdessen stand der Senat dem FBI dann lediglich eine Woche zu, um von den Ergebnissen zu berichten. Laut ehemaligen FBI-Beamten konnte eine erschöpfende Untersuchung in der erlaubten kurzen Zeit nicht durchgeführt werden. Wegen der bekannten Machtverhältnisse im Senat gab es daraufhin keine weiteren kriminalistischen Ermittlungen.

Die Auswirkungen der Geschehnisse rund um die Anhörung sind immer noch spürbar. Die Strategie, Kavanaugh vor einer FBI-Ermittlung zu schützen, löste meiner Ansicht nach einen Domino-Effekt aus. Aber möglicherweise nicht den Domino-Effekt, den einige republikanische Senatoren beabsichtigten. Es gab ein Problem, mit dem sie und ihre Unterstützer nicht rechneten. Die Dominosteine warfen nicht nur andere um und beförderten somit Kavanaugh in den Obersten Gerichtshof und damit auf seinen ledernen Stuhl aus dem Golden Zeitalter. Die Dominosteine verursachten einen wahren Tsunami in die andere Richtung und bereiteten auch der kleinsten Hoffnung ein Ende, dass sich die Senatoren tatsächlich für die Überlebenden sexueller Belästigung und Angriffe in Amerika interessieren.

Wie Senator Mitch McConnell sagte: „Wir werden das durchziehen." Und Mitch, das hast du getan. Gut gemacht. Das hast du erreicht. Du hast das mit einer Rücksichtslosigkeit durchgezogen ähnlich der, die Frauen schon seit Tausenden von Jahren ertragen mussten.

Die Botschaft solcher Männer ist eindeutig:

Wir sagen, was wir wollen.

Wir machen, was wir wollen.

Wir nehmen uns das, was wir wollen.

Und wir stehen unter dem Schutz jedes anderen Mannes, der so denkt wie wir.

Freifahrtscheine für die eine oder andere Affäre sind für privilegierte weiße Männer verfügbar und für die Frauen, die sich ihrem Verhalten unterordnen, Frauen, die bereit sind, wegzusehen.

An nur einem Tag erlebten wir zwei sich völlig widersprechende Zeugenaussagen, wobei jede Person bekundete, dass ihre zu 100 Prozent der Wahrheit entspreche. Während die Fernsehkameras die moderne Tragödie einfingen und übertrugen, fanden wir uns als ein Land an einer Weggabelung wieder. Und was für eine Weggabelung! Mit den Implikationen der moralischen Verworfenheit der Männer, die die Macht innehaben, und der Leute hinter ihnen, die über das Geld verfügen.

Was geschieht, wenn jemand einen Meineid tätigt?

Ist das nicht eine Straftat? Oder sind Richter und Staatsanwälte davon ausgenommen? Wir, das Volk, als ein Kollektiv, entscheiden das nicht – und wir haben möglicherweise niemals eine Chance der Einmischung.

Die Umstände der Befragung schrien geradezu nach einer Ermittlung. Zeugen meldeten sich, die aussagten, dass Kavanaugh ihrem Glauben nach bei dieser oder jener Aussage gelogen habe – unter Eid. Wir wissen, dass ihm einige sehr mächtige Männer einen der einflussreichsten Posten der Welt zuschanzten. Jeder sah das implizierte *quid pro quo*.

Ich werde niemals einen Plattenmogul vergessen, der in meinen Zwanzigern zu mir sagte: „Tori, was machst du denn? Bist du denn völlig verrückt geworden? Tori, was macht du nun schon wieder? Junge Dame, du wirst es in *diesem* Geschäft nie zu etwas bringen, wenn du nicht die Bedeutung dreier kleiner Wörter verstehst: *quid pro quo*.“

Du kannst dir mein Gesicht vorstellen: „Von was redest *du* überhaupt?“

Aber ehrlich gesagt, war es einer der besten Ratschläge, die man mir jemals gab. Ich paraphrasiere das von ihm vor über 30 Jahren Gesagte, doch das war die Lektion, die ich mitnahm: „Nichts ist umsonst. Zumindest nichts in diesem Geschäft. Alles ist ein Tauschgeschäft, eine Art Kompromiss. Du hilfst mir, ich helfe dir. Nun, Tori, das sind nicht immer exakte Entsprechungen, und so musst du dringend aufpassen, was ein anderer als Gegenleistung erwartet. Manchmal bezieht sich das auf die Finanzen, was einfach und überschaubar ist, obwohl du dir dann am besten einen guten Anwalt bzw. eine gute Anwältin zulegen solltest, der bzw. die die Stimme in Geschäftsangelegenheiten erhebt. Doch manchmal bezieht sich das auch auf etwas anderes. Und bei diesem anderen, Tori, musst du deine Augen weit auf halten.

Es mag alles Mögliche sein. Sogar abwegig, wenn sie danach fragen. Bei diesem ‚es‘ musst du dich von vornherein klar äußern. Doch merke dir meine Worte, da ‚es‘ erwartet wird, denn jeder muss zahlen, wenn ihm einmal geholfen wurde.

Nein, nein. Nicht nur geholfen. Über was reden wir hier wirklich – nicht nur geholfen, Tori. Okay? Wir reden, wir reden darüber, dass man aus einer schwierigen Lage befreit – aus dem Dreck *gezogen* wird.

Das ist eine einfache Lektion, aber sehr wichtig, junge Dame. Sehr wichtig! Je größer die ‚Hilfe‘ war, umso größer ist die Erwartung hinsichtlich der Gegenleistung. Es muss eine Gegenleistung geben, Tori, für das Investment. Es muss! Das ist nur gerecht. Das ist sehr gerecht. Und so läuft das nun mal, nicht wahr? Hast du das verstanden? Gut."

Das durchziehen war keine unbedeutende Botschaft.

Für jemanden, der potenziell vor den Scherben seiner Existenz stand und nun plötzlich in den Obersten Gerichtshof des Landes katapultiert wurde. Und wie der Plattenmogul so schön sagte: „Tori, vergiss das alles, denn es gibt kein kleines *quid pro quo*."

Die selbstgefälligen Senatoren denken, dass wir keine Vorstellung davon haben, was tatsächlich mit Kavanaugh geschah. In politischer Hinsicht kann ich das auch nicht sagen. Wer weiß schon, wer einem anderen etwas schuldig ist? Wer weiß schon, wer sein Geld in das politische Aktionskomitee welcher Person steckt? Einiges davon wird sich später herausstellen. Die cleveren Leute, die den Fakten nachjagen, werden alle Punkte zu einer Linie verbinden, und eines Tages wissen wir mehr.

Doch ich weiß etwas über Veränderungen. Eine Veränderung muss nicht brachial sein, um einen unglaublichen Einschlag zu erzielen, eine bahnbrechende Verschiebung einstmals bestehender Verhältnisse. Seit Dr. Fords Zeugenaussage haben mir Frauen davon berichtet, dass sie nicht zum Tagesgeschehen übergehen könnten und sich bestimmten Themen wieder wie früher näherten. Sie würden nicht mehr weiterhin Politikern dahingehend vertrauen, dass diese wichtige Belange schon auf eine faire und durchdachte Art und Weise bearbeiteten.

Viele Frauen haben mir erzählt, dass sie sich jede Woche etwas Zeit freikämpfen, um sich *zu engagieren*. Sich dem Verständnis gewisser Themen verpflichten, die sie ansprechen. Man hat sie „gerufen". Es ist ihr „Ruf zum Handeln". Einige sind Krankenschwestern, Lehrerinnen, in der Tech-Industrie beschäftigt, und einige sind Studentinnen. Die Unterhaltungen, die ich mit all diesen Frauen aus dem ganzen Land führte, haben meinen Glauben bestärkt und gefestigt, was Frauen erreichen können – besonders, wenn wir unsere Gedanken austauschen. Wenn wir unsere Erfahrungen den jeweils anderen mitteilen. Jede hat ihre eigene Geschichte und ihre eigene Perspektive, die von niemand anderem ersetzt werden kann. Ich sage das einfach und geradeheraus: Das ist ein Aufruf zur Aktion! Jetzt ist die Gelegenheit.

Nun ist schon eine längere Zeit vergangen, seit man Richter Kavanaugh mit einem Posten am Obersten Gerichtshof belohnte.

Die Auswirkungen von *das durchziehen* hat alle Künstler in eine einzigartige Lage gebracht. Einige müssen auf einen bedeutungsvollen Augenblick in ihrem Leben warten, um ein bedeutungsvolles Werk zu schaffen. Hast du das Gefühl, gerufen zu werden, dann erlaube dir die Erkenntnis, dass nun der Moment für dich gekommen ist. *Das durchziehen* ist ein Kriegsruf, um gegen die aufzustehen und zu protestieren, die für die Unterdrückung der Frau kämpfen und unser Recht angreifen, selbstbestimmte Entscheidungen zu fällen.

Ihre Botschaft: Das Patriarchat und die Frauen, die ihm dienen, *werden die Entscheidungen für euch fällen*. Entscheidungen, die deinen Körper und dein Dasein betreffen und mit denen du immer leben musst. „Zwangsgeburten" – sogar in Fällen von Vergewaltigung und Inzest – sind die beabsichtige Ernte von *das durchziehen*. Und wenn du dich weigerst, dich dieser modernen Version des Romans *Report der Magd* zu unterwerfen, kann man dich lebenslang ins Gefängnis sperren. *Das durchziehen.* Ihr einfacher, aber einprägsamer Slogan verrät uns alles, was wir wissen müssen.

Die Antwort der Musen an alle Künstler, egal, in welcher Form sie sich ausdrücken, besteht darin, den fruchtbaren und kreativen Samen in unsere „Große Mutter" einzubringen, sich für alles zu bedanken, was sie für ihre Töchter und Söhne macht. Männliche Künstler werden gerufen, um ihren Schwestern beim Aussäen zu helfen. Damit stellen sie sich gegen die Korruption derer, die die Erdenschwestern zu Subjekten des patriarchalen Willens machen. Doch eine Frage muss gestellt werden: Warum wollen diese Männer amerikanische Frauen schwängern, sogar durch einen gewaltsamen Akt?

„Ophelia" ist ein Song, der nach vorn gekommen ist, um Teil einer höchst polarisierenden und schmerzhaften Diskussion zu sein. „Ophelia" skizziert die emotionale Bandbreite, der sich eine Überlebende stellen muss.

Das Stück ist eine Warnung. Eine Warnung, in einer Kultur der Verehrung von Raubtieren stets wachsam zu sein und auch die zu durchschauen, die sich für das Verhalten eines Raubtiers entschuldigen und ihm doch beim weiteren Missbrauch helfen.

OPHELIA

Ophelia your secret is safe
Ophelia you must break the chain
some girls will get their way
some fathers will control from the grave
Ophelia you must remember
Veronica's America is not like –
is not like Charlotte's, one to savor
cosmic flavor
then Alison whispers, „remember
Change waltzes in with her sister Pain
waiting for you to send her away
wish her well break the chain
break the chain"
Ophelia
„The Eve of St. Agnes"
a poem
he can't reach you in
Ophelia you know how to lose
But when will you learn to choose
those men who choose to stay
those mothers who won't look
the other way
Ophelia you must remember
Veronica's America
is not like Charlotte's
one to savor cosmic flavor
Then Alison whispers,
„remember Change waltzes in
with her sister Pain
waiting for you to send her away
wish her well break the chain
Break the Chain"
I feel you
Ophelia

EIN DRUM'N'BASS-GROOVE begrüßte mich (ein Buch unter dem Arm) und Karen Binns, während wir 1993 eine Straße entlangschlenderten. Sie und ich waren tief in eine Diskussion versunken über Frauen, die sich gegenüber anderen Frauen eines Missbrauchs schuldig machen, und die vielen unterschiedlichen Formen, die so etwas annehmen kann. Ich wusste es nicht, aber genau in dem Moment wurde ein Song geboren. Ein Song, der während der letzten 27 Jahre viele verschiedene Interpretationen bei den Hörern anfachte.

Hat ein Stück meinen Unterschlupf erst mal verlassen, habe ich keine Kontrolle mehr darüber und will auch keine Kontrolle mehr ausüben. Tatsache ist aber, dass jeder Titel seine eigene Entstehungsgeschichte hat. Kenne ich bewusst jeden Aspekt des „Bestäubungsprozesses", der vor der Komposition stattfindet? Nein. Manchmal stammt die Information von einem Hörer, der darauf hinweist, was er oder sie über einen Song erfahren habe. Sie mögen eventuell eine Erfahrung gemacht haben, die sich mit den inneren Geheimnissen eines Stücks verbindet. Geheimnisse, die sich in den Schatten verbergen, zu deren Entdeckung ich Jahre benötige oder auf die mich ein Hörer mit seiner Interpretation bringt, lange nach der Veröffentlichung.

Wie ich bereits seit über 30 Jahren betone, bin ich nur Co-Komponistin der ganzen Stücke. Der Entstehungsprozess basiert auf einer Zusammenarbeit, die nur von den wenigen bezeugt werden kann, mit denen ich Platten machte. Die Musen und die Songs selbst bieten mir Melodien an, Akkorde, Wörter und Stimmungen, die zu einem Sound verführen, ihn schemenhaft andeuten. Nur weil ich möglicherweise die Färbung einer Stimmung nicht vollständig verstehe, bedeutet das nicht, dass ich sie ablehne oder meine eigene Interpretation darüberstülpe. Eine nicht verstandene Stimmung mag mich zur Entdeckung eines Wortes oder einer Phrase führen, die dann die von den Musen an mich vermittelte Atmosphäre genau widerspiegelt.

Darum beschreibe ich Songwriter auch als „Klang-Jäger". Das zu fangen – wie ein Song sich ausdrücken will – erfordert Offenheit gegenüber zusammentreffenden Narrativen.

„Cornflake Girl" war der Song, der sich behutsam herausbildete, während ich all die Jahre zuvor mit Karen die Straße hinunterging. Karen erlaubte mir 1991 den Eintritt in ihre sprachliche Welt. Wir hatten uns damals also schon einige Zeit in ihrer Sprache unterhalten. Die Kommunikation basierte auf einer Neubenennung eines Wortes mit einer Referenz. Zum Beispiel verwandelten wir ständige und penetrante Saboteurinnen in Cornflake Girls.

Ein weiteres wichtiges Element der Unterhaltung über das „Warum und Wie" Frauen sich gegenseitig betrügen, war der Groove, der zu unserem Schwätzchen erklang. Das an jenem Tag aus dem Geschäft zu hörende Swing-Feeling wird auch als Shuffle-Groove bezeichnet. Ich fand es sehr schwierig, mich nicht in diesem Rhythmus hin und her zu wiegen. Als ich mich körperlich im Einklang mit dem Drum'n'Bass-Groove bewegte, fragte mich Karen nach dem Buch unter meinem Arm. Es war *Possessing the Secret of Joy (Sie hüten das Geheimnis des Glücks)* von Alice Walker und eröffnete ein Gespräch über eine schreckliche Praxis, die ich bislang noch nicht kannte. Sie ist allgemein als FGM bekannt (female genital mutilation), also durch Frauen verübte Genitalverstümmelung. Der Song „Cornflake Girl" wollte an der Diskussion darüber teilnehmen, wie sich Frauen gegenüber anderen Frauen im Rahmen der globalen Kultur des Patriarchats verhalten.

27 Jahre nach dem Startschuss für „Cornflake Girl" teilen mir die Hörer immer noch ihre Erfahrungen mit dem Stück und die daraus gewonnenen Einsichten mit. Eine Frau vertraute mir an, dass ihre Mutter ihr Kontrollgebaren gegenüber der Tochter mit einem „Ich mache das nur, weil ich dich liebe" zu rechtfertigen versucht habe. Im Laufe der Jahre führten mir Hunderte von Briefen und Gesprächen die Schärfe der Worte „Ich mache das nur …" vor Augen. In einem Brief bedeutete „Ich mache das …": die Kommunikation abzubrechen und die Unterstützung zu beenden, wenn die Tochter nicht zustimmte, was ihre Mutter von ihr wollte.

In anderen Briefen war das Thema eine schwierige Beziehung, vielleicht vergiftet durch äußere Einflüsse. Eine Frau schrieb mir, dass sich eine gute Freundin in zunehmender Isolation befinde, kontrolliert von einem anderen Menschen. In dem Fall musste die Verfasserin des Briefes eine harte Zeit des Akzeptierens überstehen, da die isolierte Frau das Verhalten des Manipulators sogar noch verteidigte.

Die Details jeder Geschichte variierten über die Jahre, doch das Gefühl eines großen Vertrauensmissbrauchs blieb bei den meisten Interpretationen von „Cornflake Girl" bestehen.

„Das machen" hat manchmal unheimliche Implikationen. „Ich mache das nur, um dich vor dir selbst zu retten." Die Story wurde mir von einer Person erzählt, die beide Beteiligten kannte und fragte: „Wann ist ‚bedingungslose Liebe' eine Entschuldigung für Missbrauch?" Im Zentrum der Geschichte standen eine Tochter und ihre Mutter. Die Mutter gab sich als wahre Christin aus. Sie glaubte, dass Sex vor der Ehe eine Sünde sei. Die religiösen Ansichten der Tochter wurden nicht näher spezifiziert. Ihre Noten waren sehr gut, und sie engagierte sich in der Highschool. Offensichtlich achtete sie auf Verhütung, glaubend, dass es verantwortungsbewusst sei. Als ihre Mutter das Verhütungsmittel in irgendeinem Versteck fand, manipulierte sie es ohne Wissen ihrer Tochter.

Sie glaubte, dass ihre Tochter für die Sünde zur Verantwortung gezogen werden und die „Scham austragen" müsse.

Die Tochter wurde schwanger und gezwungen, das Kind zu bekommen.

Die eben gestellte Frage ist immer noch gültig: Wann ist „strenge Liebe" nur eine Entschuldigung für Missbrauch?"

Ein Song hilft mir, die Aufmerksamkeit auf die vielen Emotionen zu lenken, die sich um ein komplexes Thema drehen. Wenn ich mich auf „Cornflake Girl" als Energiequelle konzentriere, verlangt sie, dass wir darüber kommunizieren, was Frauen anderen einimpfen wollen und was Frauen anderen Frauen vorenthalten. „Cornflake Girl" erlaubt Menschen durch ein herzliches Willkommen den Zutritt zu ihrer Sphäre. So fand ich sie auch. Je häufiger ich Zeuge all dieser

Szenarien wurde – der Gewalt von Frauen gegen Frauen und im Fall von FGM Frauen gegen Mädchen –, desto öfter platzt es aus mir heraus: *Das geschieht nicht wirklich*, und die Antwort, die ich erhalte, lautet dann: *Darauf kannst du aber wetten.*

Die Weltgesundheitsorganisation beschreibt weibliche Genitalverstümmelung als „Prozeduren, die das partielle oder komplette Entfernen der externen weiblichen Genitalen aus nicht-medizinischen Gründen" umfassen. Das ist Kindesmissbrauch in ungeheurem Ausmaß. Die meisten der von dieser gesundheitsgefährdenden Praxis betroffenen Mädchen werden zwischen dem Kleinkindalter und 15 Jahren verstümmelt.

Die Zahlen sind erschütternd. Der Bevölkerungsfonds der Vereinten Nationen schätzt, dass 200 Millionen der heute lebenden Mädchen und Frauen FGM ausgesetzt waren. Aktuellere Daten weisen darauf hin, dass zwischen 2015 und 2030 ca. 68 Millionen Mädchen verstümmelt werden. Schätzungen nach betraf das 2015 3,9 Millionen Mädchen. Wird dieser Missbrauch nicht auf globaler Ebene geächtet, steigt die Zahl auf 4,6 Millionen jährlich an.

Diese Angaben schockieren weiterhin, denn sie enthüllen, wie viele Mädchen und Frauen auf der ganzen Welt in Gefahr schweben, darunter auch in den USA und Großbritannien. Laut den Zentren für Gesundheitskontrolle und Krankheitsprävention leben in den USA 500.000 Frauen und Mädchen, die weibliche Genitalverstümmelung erleiden mussten oder kurz davor stehen.

Das gehört sicherlich zu den Themen, derer sich Songwriter annehmen, denn solche Horrorszenarien verfolgen dich einfach. Meine Sicht auf dieses spezifische Frauenthema wurde durch Alice Walkers Worte erweitert.

Und auch Jahre später lerne ich noch viel über die Komplexität, die diese erschütternde Praxis prägt.

Zuerst verstand ich nicht, wie jemand behaupten kann, ein junges Mädchen zu lieben, und sie dann zu einer „cutterin" zu bringen, die möglicherweise eine Rasierklinge, ein Skalpell, eine Schere, ein Messer oder ein Stück Glas benutzt, um einen Teil der oder die kompletten Genitalien zu entfernen. Seit ich von der Praxis erfuhr und jeden Tag mehr davon verstehe, wurde es für mich essenziell, sie *nicht* nur als einen Teil bestimmter kultureller Gruppen zu verstehen. Wenn wir uns nicht einmischen, wird die Zahl der FGM-Überlebenden beständig steigen.

Das im Hinterkopf, begann ich kürzlich, die Ursprünge der gewalttätigen Prozedur zu recherchieren und wie wir Frauen dabei zu Komplizinnen wurden: Frauen und Männer führten die Tradition über Generationen fort und brachten ihre Töchter zur Genitalbeschneidung. Beamte der Gesundheitsfürsorge, Lehrer, Richter und Rechtsanwälte helfen sogar bei der Aufrechterhaltung solcher Brutalität. Auch wenn sie sich nur umdrehen oder zur Seite schauen, machen sich viele Leute schuldig. Wir müssen darüber reden, denn diese Praxis wird nicht einfach verschwinden, und in den USA wurde niemand bisher dafür zur Rechenschaft gezogen. Die daran Beteiligten müssen juristisch belangt werden. Werden sogar die Grenzen der Bundesstaaten überschritten, um junge Mädchen zu einem Profi aus dem Gesundheitssektor zu bringen, der sich fürstlich dafür bezahlen lässt, dass er sie gewalttätig missbraucht?

Weibliche Genitalverstümmelung fand schon vor der Zeit des Christentums und des Islams statt und wurde weltweit praktiziert. Somit ist sie kein Alleinstellungsmerkmal einer bestimmten Religion. Der Bevölkerungsfonds der Vereinten Nationen schreibt auf seiner Website (UNFPA.org): „In Westeuropa und den Vereinigten Staaten wurde die Klitorisdektomie in den Fünfzigern als Therapie zur Behandlung verschiedener Beschwerden beschrieben, darunter Hysterie, Epilepsie, psychische Störungen, Masturbation, Nymphomanie und Melancholie."

Die bei UNFPA.org zu findenden Informationen sind für die von uns wichtig, die die Tragweite und die Komplexität der damit verbundenen psychologischen Implikationen dieser lebensverändernden Prozedur verstehen wollen. Damit Familien aufhören, ihre Kinder verstümmeln zu lassen, benötigen sie die Hilfe und Unterstützung einer größeren Gemeinschaft. FGM ist in zahlreichen Gesellschaftsformen eine Voraussetzung für die Ehe, und die ökonomischen Zwänge stellen für viele Eltern eine Rechtfertigung dar. Das Narrativ wird vom Patriarchat clever kontrolliert. Ein unglaublicher Mythos warnt davor, dass eine nicht beschnittene Klitoris zur Größe eines Penis anwachsen könne – gütiger Himmel!

(Das Album mit „Cornflake Girl" sollte ursprünglich unter dem Titel „God With A Big G" erscheinen, doch dieser wurde von jemanden beim Label zur Strecke gebracht. Und so führten mich die Musen zu dem eingängigeren Albumtitel *Under The Pink*. Diese Referenz sollte die meisten Frauen ansprechen, die hinsichtlich der inneren Anatomie einen pink- bis fleischfarbenen G-Punkt haben.)

Lügen, die behaupten, dass FGM die Fruchtbarkeit fördere oder das Überleben des Kindes sichere, wurden von Generation zu Generation weitergegeben. Laut Bevölkerungsfonds der Vereinten Nationen glauben noch immer viele daran, dass die weibliche Sexualität „unersättlich ist, wenn nicht Teile der Genitalien, insbesondere die Klitoris, entfernt werden. [FGM] ist gedacht, um die Jungfräulichkeit vor der Ehe zu schützen, die Treue danach und zur Steigerung der männlichen Lust." Dem Patriarchat gelang es, einige Frauen davon zu überzeugen, dass „die externen weiblichen Genitalien als schmutzig und hässlich [angesehen] und entfernt [werden sollten] … zur Förderung der Hygiene und des ästhetischen Reizes".

Uns allen kann ein „Glaubensbekenntnis" indoktriniert werden, das sehr schädlich ist, eine Art Überzeugung, die tödliche Konsequenzen nach sich zieht und einen Menschen für den Rest seines Lebens psychisch schädigt. Einen Menschen physisch und psychisch für den Rest seines Lebens mit einer tiefen Narbe zurücklässt.

Zuerst und am wichtigsten ist es, Mitgefühl und Verständnis für die Frauen aufzubringen, die als Kinder selbst beschnitten wurden und immer noch daran glauben, dass diese Prozedur zum Schutz ihrer Töchter nötig sei. Realistisch betrachtet ist FGM eine der widerlichsten und schlimmsten Ausprägungen eines sexuellen Übergriffs.

Als Reaktion auf die erste Verurteilung in Großbritannien – eine Mutter hatte bei ihrer dreijährigen Tochter FGM durchgeführt – trat eine Frau an die Öffentlichkeit und sagte, dass auch sie diese Mutter hätte sein können. Dass auch sie FGM praktiziert und ihre Tochter verstümmelt hätte, hätte nicht ein Arzt ihr die schädlichen Auswirkungen auf ihr geliebtes Kind und das damit verbundene Leid erklärt. Die Frau wurde selbst als Kind verstümmelt und dachte sich: „Das wurde schon bei meiner Großmutter so gemacht und danach bei meiner Mutter und dann bei mir. Wenn ich der kulturellen Tradition nicht folge, habe ich gegenüber allen versagt, auch bei meiner Tochter."

Die psychischen Qualen einer solchen Praxis brechen mir das Herz. Es ist wahrhaft herzzerreißend. In vielen Fällen – wenn es mit einem Initiationsritual verbunden ist – verteidigen die älteren Frauen das als Tradition. Sie helfen bei dem Prozess, indem sie dem Mädchen die Beine auseinanderreißen und es am Boden festhalten.

Das Resultat dieser Brutalität ist der Verlust des sexuellen Verlangens. Der Zweck der weiterhin ausgeübten weiblichen Genitalverstümmelung ist die physische und psychische Unterwerfung von Frauen. Und daraus resultiert die globale Kontrolle eines ganzen Geschlechts. Einige der Verteidiger von FGM sind sehr mächtige religiöse Führer, die es als „Beschneidung" bezeichnen und damit sprachlich verharmlosen. Mache religiöse Gelehrte geben zu bedenken, dass von FGM nichts in den heiligen Schriften stehe und dass die Führer nur ihre eigene Meinung aussprächen.

Ich ermutige die Leute, den Storys von Überlebenden von FGM zuzuhören. Durch ihr Erzählen klären sie uns nicht nur auf und informieren uns über die Praxis. Diese Frauen erlauben uns auch, die Tiefe ihres Schmerzes mitzuerleben, nicht nur der physischen Qualen, sondern auch die zusätzliche Trauer über den Vertrauensverlust, der im grellen Licht eines solchen Verrats entsteht. Diese Frauen teilen ihre Wunden mit uns, physisch und emotional, aber sie zeigen uns auch, wie sie die Wunden transformiert und verwandelt haben. Diese Frauen schreiten auf dem Weg der zunehmenden Stärkung voran und heilen durch ihren Aktivismus.

Aber sie sagen es alle auf ihre einzigartige Art: „Wir wurden für die Männer verstümmelt."

FGM-Aktivistinnen versuchen alles nur Erdenkliche, damit diese Praxis des Missbrauchs nicht im Untergrund verschwindet. Überlebende, die sich zur Veränderung entschlossen haben, sprechen mit uns über eine gut gehütetes Geheimnis. Aus ihrem Mund diese Erzählungen zu hören – wie sie beim Niederdrücken auf den Boden (meist von Leuten, denen sie zuvor vertrauten) – schreckliche Angst hatten, hinterlässt bei mir ein brennendes, versengendes Gefühl. Jede Geschichte ist einzigartig. Eine Frau erzählte absichtlich detailreich, wie die Cutterin ihr Geschlecht zerschnitt und dann durch den Raum warf. Sie erzählte von ihrer Klitoris, die quasi brutal abgesägt wurde, Stück für Stück, während sie vor Schmerzen brüllte. Dann sprach sie über die Erkenntnis, dass ihr ein Teil ihres Selbst *verweigert wurde*, weggeworfen wurde und für immer verschwunden war.

Die Reise vom Missbrauch zu wiedergewonnener Stärke von Khadija Gbla, Dr. Isatou Touray, Jaha Dukureh, Halimatou Ceesay, Leyla Hussein, Rhobi Samwelly, Nimco Ali und vielen anderen, die ihre Geschichte erzählen, ist der Beleg der Transformation von sexuellen Übergriffen und Kindesmissbrauch in einen kraftvollen, bedeutungsvollen und *effektiven* globalen Aktivismus.

CORNFLAKE GIRL

Never was a Cornflake Girl
thought that was a good solution
Hangin with the Raisin Girls
„She's" gone
to the other side
Givin us a yo heave ho
things are getting kind of gross
and I go at sleepy time
This is not really Happening
You Bet Your Life It Is
You Bet Your Life It Is
Honey, You bet your life
It's a
Peel out the Watchword just
Peel out the Watchword

she knows what's going on
seems we got a cheaper feel now
all the Sweeteaze are gone
Gone to the other side
with my Encyclopedia
They musta paid her a nice price
She's puttin on her string bean love
This Is Not Really Happening
You Bet Your Life It Is
Rabbit, where'd you put the keys girl
Rabbit, where'd you put the keys
RABBIT where'd you put the keys
where'd you put the keys girl?
and the Man with the golden gun
thinks he knows so much
thinks he knows

so much
and the man with the golden gun
thinks he knows
thinks he knows so much

I know you know I know it's not easy
I know you know I know it's not easy
Rabbit where'd you put the keys girl

DIE ERKENNTNIS IM HERBST 2001, dass ein Song wie „Imagine" bedrohlich sein konnte, war überaus erhellend.

Gefährliche Songs bedeuten etwas anderes als gefährliche Männer. Gefährliche Songs können der Welt einen heilenden Balsam schenken, wohingegen gefährliche Männer meist Vernichtung aussäen oder den Tod wüten lassen. Dennoch befinden sich gefährliche Männer selbst so gut wie nie in Gefahr – und einige Mitglieder des „Clubs der gefährlichen Männer" fahren darum riesige Profite ein.

Die Menschen, die mich über die Bedeutung der *Strange Little-*Tour 2001 aufklärten, hatten recht. Es war ein Zeitpunkt in der Geschichte, gekennzeichnet durch ungestüme und explosive Gefühle. Einerseits mussten wir als Amerikaner den Schock verarbeiten, das Trauma und die Trauer, ausgelöst durch einen vorher nie erlebten Angriff auf unser Land. Andererseits mussten wir uns schnellstens auf Abwehr einstellen, denn sonst wären wir das Risiko eingegangen, von der sich steigernden Aggression, die fast täglich von der Bush-Regierung ausging, infiziert zu werden. In Großstadt für Großstadt, Kleinstadt für Kleinstadt reichte man mir Briefe mit den aktuellsten Informationen darüber, was nach Ansicht der Verfasser vor sich ging. Jedes Publikum war ein bunter Haufen von Leuten mit vielen unterschiedlichen Fähigkeiten, Einsichten und Zugängen zu Informationen. Als tourende Künstlerin zu diesem besonderen Zeitpunkt fand ich mich in der einzigartigen Position wieder, ein Gefühl dafür entwickeln zu können, was in den verschiedenen Städten und anderen Ländern vor sich ging. Damals erarbeitete ich mir meine Perspektive dank einer kräftigen Dosis „Erdverbundenheit". Schnell wurde mir klar, dass Leute zu den Shows kamen, um Informationen zu sammeln und auszutauschen. Die Setlist jedes Konzerts spiegelte das wider und synthetisierte das, was ich durch Einzelgespräche von meiner hauptsächlichen Informationsquelle erfuhr: dem Publikum. Die Zuhörer waren nicht passiv, sondern arbeiteten aktiv mit, und durch ihre Einsichten dokumentierte das Narrativ jeder einzelnen Show diese verrückte historische Zeit. Das Publikum und die Künstlerin agierten zusammen, verschmolzen ihre Gedanken und Herzen durch die Titelauswahl während einer emotionalen und mentalen Krise.

In etwas über drei Wochen verwandelten wir uns von einem am 11. September angegriffenen Land zu einem Land, in dem Bush am 7. Oktober die Invasion von Afghanistan bekannt gab.

Am Tag vor dem 7. Oktober traf ich mein Teenager-Ich irgendwo auf der M Street in Georgetown, Washington, D.C. Sie erinnerte mich daran, dass ich mehr Abende und mehr Songs in dieser Stadt gespielt hätte als in jeder anderen. Sie dachte, dass eine Tour während dieses sich geradezu in seismischer Weise verschiebenden emotionalen Zustands des Landes das Spinnen einer Geschichte mit Hilfe einer Setlist wahrscheinlich zu einer sehr belastenden Sache mache. Ich gestand ihr, noch niemals vor so vielen gebrochenen Herzen gespielt zu haben. Vor der *Strange Little*-Tour hatte ich Trauer niemals in einer solchen Intensität erlebt. Mein Teenager-Ich dachte, dass die Auseinandersetzung mit der Tatsache, dass ich hier mehr Song-Samen ausgesät hatte als irgendwo anders, dabei helfen könne, mich für die beiden D.C.-Shows zu erden. Mich zu erden war eine wichtige Voraussetzung, um die Stücke anzuhören, die sie von mir am Abend des 7. Oktober erwarteten.

Bestimmte Faktoren determinieren, wie du als Künstlerin auf einen bedeutenden historischen Moment wie zum Beispiel den Kriegseintritt deines Landes antwortest.

Die ersten Angriffe auf Afghanistan wurden vom Weißen Haus vor 13 Uhr bekannt gegeben. Weder dem Publikum noch der lokalen Crew blieb die Ironie verborgen, dass wir in der Daughters of the American Revolution Constitution Hall auftraten. Mein Widerstand gegen die Manipulation und Ausschlachtung von 9/11 durch die Bush-Regierung begann dort. Die Setlist des Abends verdeutlicht mir alles, was ich über den emotionalen Zustand des Publikums im Saal wissen muss.

Vor der Show erfuhr ich im Backstage-Bereich von den Ängsten der Väter, deren Söhne in diesem Krieg gegen den Terror eingesetzt werden sollten. Obwohl George W. Bush über die Invasion von Afghanistan redete, verlangte der Song „Sweet Dreams", gespielt zu werden – ein Stück, das ich zehn Jahre zuvor über den Golfkrieg und George H. W. Bush komponiert hatte. Ich führte auch eine unheilverkündende Version des Kinderliedes „This Old Man" auf, die zu dem Slayer-Song „Raining Blood" überleitete. Letztgenannten Titel wünschte sich ein Zuhörer, dessen Sohn in den Krieg ziehen musste.

Meine „Einberufung" als Künstlerin bestand nicht darin, die Magie der Musik für reinen Eskapismus einzusetzen. Nicht an diesem Abend. Ja, es gibt Zeiten, in denen ich mich bewusst dazu entscheide, den Zauberstab der Musik zu erheben, damit die Zuschauer vor der Realität fliehen können, doch nicht am 7. Oktober 2001 und auch nicht am 20. März 2003, als wir in ein anderes Land einfielen und einen neuen Krieg begannen. Beide Setlists reflektierten Songs, die nach vorn gingen – so wie die Zuhörer, die verlangten, dass unsere politische Kaste für diesen Machtmissbrauch zur Rechenschaft gezogen werde.

Seit dem 7. Oktober 2001 und bis heute sind wir eine Nation im Krieg.

Es gab so viele Themen, die ich damals nicht verstand, die sich mir aber über die Jahre erschlossen.

Ich begriff einfach nicht das Ausmaß der imperialen autoritären Agenda der Zeit. Als ganzes Land wurden wir Schritt für Schritt dazu gebracht, einem Krieg zuzustimmen, der einige reiche Männer noch reicher machte. Ich konnte den Grad der Korruption nicht verstehen, die furchtlose Reporter aufdeckten, als sie uns die Praktiken von Halliburton und „Big Oil" aufzeigten und von so viele anderen, während aus Monaten Jahre wurden. Aber ich verstand eines: „Imagine", einer der wichtigsten Songs, die von der Möglichkeit einer friedlichen Welt handeln, gehörte nicht zum kommunikativen Austausch, was bedeutete, dass wir uns in unheilvollen Zeiten befanden. Die Gedanken zum Krieg und dessen Vermarktung gehörten zum Narrativ um uns herum. Und es war unnachgiebig.

Diese Ansicht breitete sich am 29. Januar 2002 in der Öffentlichkeit aus – und ich teilte sie –, als Präsident Bush in seiner Ansprache zur Lage der Nation den Irak zusammen mit Iran und Nordkorea als Länder nannte, die er als „Achse des Bösen" definierte. Da hatten wir es: der Irak.

SCARLET'S WALK

If you're a Thought
you will want me
to think you
and I did
invited a Guest
up until
you announced that
you had moved in

„what do you plan to do with all your freedom?"
the new sheriff said quite proud of his badge
„you must admit the land is now in good hands"
yes, time will tell that
you just lift your lamp

I will follow
Her on her path
Scarlet's Walk
through the violets
just tell your Gods for me
all debts are off this year
they're free to leave
yes. they're free to leave
leaving terra
leaving terra

there was a time
when I thought that
Her destiny
should have been mine
Big Brave Nation
but instead

her Medicine now
forgotten

„what do you plan to do with all your stories?"
the new sheriff said quite proud of his badge
we'll weave them through
every rocket's red glare and huddled masses'
you just lift your lamp
I will follow
Her on her path
Scarlet's Walk
through the violets
just tell your Gods for me
all debts are off this year
they're free to leave
yes. they're free to leave
leaving terra
leaving terra

if you're a Thought
you will want me
to think you
and I did
and I did

VON DA AN WAR ES KLAR, dass ich ein Album mit einer anderen Intention schreiben würde, als ich es mir ursprünglich vorgenommen hatte. *Scarlet's Walk* sollte ein klanglicher Pfad werden, der eine andere Richtung einschlug als derjenige, für den sich gefährliche Männer entschieden, denn ihrer führte direkt zu einem Krieg. Es sollte eine Landkarte Scarlets werden, die das Land durchstreift, während sie ihre spirituelle Beziehung zur anderen Mutter entdeckt, nämlich Amerika. Kunst musste nun das reale Leben imitieren.

Nach dem 29. Januar 2002 verknüpften sich alle Einzelteile des Albums zu einem Teppich. Ich begann den Zusammenhang des Ganzen im Konzert der in den einzelnen Songs enthaltenen Ideen zu hören. Die Musen waren ganz direkt: *Wenn du eine Schöpferin bist und ein Werk erschaffst, musst du es auf das ausrichten, was die Welt in DIE-SEM Moment stark bewegt. Sieh, hier ist die Welt in einer globalen Krise, und da ist eine Künstlerin, die das aufgrund des Ausmaßes miterlebt. Du hast deinen Marschbefehl. Geh jetzt, und erschaffe etwas.*

Wir hatten gerade das ganze Land auf einer Tournee durchreist. Ich hatte also *Scarlet's Journey* unmittelbar gelebt. Die Songs brachten ihren Samen aus, während wir durch das Land fuhren. Sie verflochten sich – verwebten alte mit neuen Storys. Songs verkörpern eine uralte, einzigartige Magie. Wenn ich sie jage, entkommen sie, wenn ich sie nicht jage, verpasse ich Details, die meist wichtig für die zweite Strophe oder die Bridge sind. Ich muss mir ihr Vertrauen verdienen, indem ich meinen eigenen Teil dazu beitrage.

Im Herbst 2001 begleiteten wir jeden Tag ganz verschiedene Leute und hörten ihnen zu, wie sie all die Energien verarbeiteten, die sich in Echtzeit ausbreiteten. Und in der Nacht fuhren wir weiter, während das Land qualvoll aufstöhnte und latente Erinnerungen hochkamen. Durch die unmittelbare Invasion der USA und die Schändung der Twin Towers verlangten Emotionen nach einer Auseinandersetzung, die viele bislang nicht kannten.

Eine Ureinwohnerin fragte mich, ob ich die Obhut meiner eigenen Mutter in die Hände derer legen würde, die damals den Krieg erklärt hätten. Und falls nicht, warum ich dann unsere spirituelle Mutter Amerika den Händen dieser Männer überlassen sollte? Sie machte mir überaus deutlich, dass meine dringlichste Aufgabe als Künstlerin darin bestehe, für die Befreiung unserer Mutter aus den Händen der politischen Zuhälter zu komponieren. Dann erklärte sie mir, dass jahrhundertlang unterdrückte Stimmen bereit zum Sprechen seien. Sie wollten einst geschlagene Wunden offenbaren und dadurch mit uns die Verluste und die Hoffnung teilen – die von ihnen gelernten Lektionen und die Vision für unsere spirituelle Mutter Amerika. Einige Geschichten und Songs zu hören werde schmerzhaft werden, doch die Songs wirkten auf ihre Art als Schutz und als musikalisches Heilmittel für eine Wunde, die bisher nicht behandelbar erschienen sei. Diese Songs müssten das patriarchale Narrativ Amerikas durchdringen, das verkauft worden sei – und für einige von uns zu einem sehr hohen Preis.

Man tischte uns die Lüge auf, dass der Irak Massenvernichtungswaffen besitze. Man belog uns, sagte, dass Saddam Hussein und der Irak an 9/11 beteiligt gewesen seien. Saudi-Arabien wurde kaum erwähnt und auch nicht die Tatsache, dass 15 der 19 Terroristen Saudis waren. Nein, es gab nur einen Hagel bestehend aus einem Wort: Irak. Irak. Irak. Auch das Wort Massenvernichtungswaffen wurde bis zum Erbrechen wiederholt. Eine Regel des Songwritings, die ich für mich als nützlich entdeckte, besteht darin: Empfinde ich eine gegenwärtige Situation als überwältigend, folge ich dem gängigen Narrativ bis an den Punkt in der Vergangenheit, wo es sich zu verheddern beginnt.

PNAC (Project for the New American Century) war ein neokonservativer Think Tank, 1997 von William Kristol und Robert Kagan gegründet. 1998 schickte man von dort Briefe an Bill Clinton und forderte die „Absetzung von Saddam Husseins Regime" im Irak. Die Namen der Unterzeichnenden – darunter John Ellis „Jeb" Bush, Dick Cheney, Donald Rumsfeld und Paul Wolfowitz – waren später eng mit dem 2001 beginnenden Krieg und mit der Invasion des Irak verknüpft.

2001 rechtfertigten George W. Bush und einige der Unterzeichner die Invasion des Irak, wobei sie sich auf den „Iraq Liberation Act" beriefen, der im Herbst 1998 von Repräsentantenhaus und Senat genehmigt worden war. Durch Bill Clintons Unterschrift vom 31. Oktober 1998 wurde die Vorlage zum Gesetz.

\[♪ ♪ ♪ \]

Zu Beginn des Monats August 1998 hielten wir uns während der *Plugged*-Tour in Washington, D.C. auf, um das Album *From The Choirgirl Hotel* zu bewerben. Einer kleinen Gruppe des Teams gewährte man eine Privatbesichtigung des Weißen Hauses.

Zu dem Zeitpunkt war ich seit über fünf Monaten verheiratet. Als ich mich an dem Tag auf den Präsidentensessel des Oval Office setzte, waren wir uns alle der Skandale, ausgelöst durch die Geschehnisse in diesem Raum, nur zu bewusst. Man hatte Ermittlungen hinsichtlich einer möglichen Affäre von Präsident Clinton und der Praktikantin Monica Lewinsky eingeleitet. Alle nur erdenklichen schmutzigen Details wurden von Kenneth Starr und Brett Kavanaugh ausgegraben und unter das Mikroskop gelegt. Es sollten jedoch über 20 Jahre vergehen, bevor ich über YouTube Lewinsky hören konnte, die beschrieb, was sie 1998 durchmachte. Sie musste im Büro des unabhängigen Ermittlers die gesamten 20 Stunden an Telefonanrufen authentifizieren, die von einer Freundin aufgenommen worden waren. Sie sprach von „Diebstahl der Privatunterhaltung" und über eine Öffentlichkeit ohne Mitgefühl. Sie redete über die Scham als Industriezweig. Sie hatte ihre Würde und ihren Ruf verloren. Und sie musste eine Zeit wiedererleben, in der ihre Mutter befürchtete, sie würde zu Tode gedemütigt. Lewinsky schloss: „Es ist Zeit. Es ist Zeit, mir meine Geschichte zurückzuholen."

Sich eine Geschichte zurückzuholen ist von großer Bedeutung. Es ist Verpflichtung für den Songwriter und ein den Musen geleisteter

Eid. Nachdem ich Monicas Worte gehört hatte, fühlte ich, wie sich meine Konzentration auf die Erinnerung des Besuchs im Weißen Haus an jenem heißen Augusttag 1998 einpendelte.

Im Oval Office sitzend, dachte ich an all die Gespräche, die dort stattfanden. All die Entscheidungen, die getroffen wurden, und all die, die man noch in der Zukunft treffen würde – gute und desaströse. Ich dachte an all die Präsidenten und ihre First Ladys. An First Ladys, die die Konsequenzen des Handelns ihrer Männer ertragen mussten, die Affären eingingen. Als ich darüber nachdachte, begann ich den Song „Jackie's Strength" zu summen. Das Stück behandelt viele Themen – Geburt, Tod und eine Hochzeit – und ist eine zutiefst persönliche Komposition, vor meiner Hochzeit am 22. Februar 1998 geschrieben.

Ich habe mein ganzes Leben lang gehört, dass die Leute genau wüssten, wo sie am 22. November 1963 gewesen seien und was sie gemacht hätten, als sie hörten, dass auf JFK die tödlichen Schüsse abgegeben wurden. Im November 1963 war mein Vater Pastor der Dumbarton United Methodist Church in Georgetown. Am Sonntag nach dem Attentat auf Präsident Kennedy nahm er meine Schwester und meinen Bruder zum Leichnam des Präsidenten mit, der in der Rotunde des Capitols aufgebahrt war. Meine Schwester erinnert sich immer noch daran, dass sie im Alter von sechs Jahren auf der Arlington Memoral Bridge saß, während Kennedys Sarg die Brücke auf einem Gespann passierte, gezogen von Pferden, deren Mähnen scheinbar den Himmel berührten. Ich war gerade erst drei Monate alt, als meine Mutter mich, nachdem sie im Radio von den Schüssen auf JFK gehört hatte, hinlegte und ein Gebet sprach – und dabei um Stärke für Jackie bat.

Ein Song kann die Kindheit und die politische Landschaft eines Erwachsenen in nur wenigen Minuten verbinden.

JACKIE'S STRENGTH

a Bouvier
till her wedding day
shots rang out
the police came
mama layed me on
the front lawn
and prayed for Jackie's Strength
feeling old
by twenty-one
never thought
my day would come
my bridesmaids
getting laid
I pray for Jackie's Strength

make me laugh
say you know what you want
you said we were the real thing
so I show you some more and I learn
what black magic can do
make me laugh
say you know you can turn
me into the real thing
so I show you some more and I learn …

﹩ ﹩ ﹩

stickers licked on lunch boxes
worshipping David Cassidy
yeah I mooned him once
on Donna's box
she's still in recovery

sleepovers
Beene's got some pot
you're only popular
with anorexia
so I turn myself
inside out
in hope someone will see
we'll see

make me laugh
say you know what you want
you said we were the real thing
so I show you some more and I learn
what black magic can do
make me laugh
say you know you can turn
me into the real thing
so I show you some more
and I learn …

〉 〉 〉

I got lost
on my wedding day
typical the police came
but virgins always get backstage
no matter what they've got to say
if you love enough
you'll lie a lot
guess they did in Camelot
mama's waiting on my front lawn
I pray
I pray
I pray for Jackie's Strength

ES IST HEUTE, IM JAHR 2020, auf erschreckende Weise ebenso relevant, wenn das eigenständige Denken eines Menschen zum Schweigen gebracht wird, wie damals vor 30 Jahren, als der Song „Silent All These Years" geschrieben wurde. Zur damaligen Zeit wies mich das Stück darauf hin, dass von außen wirkende Kräfte existierten, die Leute bewusst verstummen ließen. Durch den schändlichen Akt, uns mundtot zu machen, mögen wir den Mut verlieren, die Stimme zu erheben. Und wenn das geschieht, erledigen wir selbst fortan die Zensur für sie! Wenn wir, du oder ich, nichts mehr sagen, hat man uns eingeschüchtert oder bloßgestellt. Und wieder einmal behaupten die Betrüger, die Rüpel und die Raubtiere, die die Geschichte stehlen und in ihren Besitz bringen, sie seien die wahren Opfer.

Die Kunst, andere zum Schweigen zu bringen, ist eine dunkle Kunst.

„Silent All These Years" ist für mich persönlich einer der wichtigsten Songs. Ohne sie würde ich dir das jetzt nicht schreiben. Sie war eine wichtige Unterstützung, die mir half, eine schwere persönliche und künstlerische Krise zu überleben.

In den späten 80ern, ich war in meinen Mittzwanzigern, zwangen mich die sich überschneidenden künstlerischen und persönlichen Fehlschläge, mein Leben genau zu beobachten. Ich musste die künstlerische Ausrichtung verstehen, zu der mich meine eigenen Entscheidungen und mein Songwriting geführt hatten.

Irgendwie ließ ich meine innere magische Kinder-Künstlerin verstummen, die, die mich die Liebe zur Musik und die Energie und Macht von Songs gelehrt hatte. Der einzige Weg diesen künstlerischen Tod zu überleben, bestand im Schreiben von neuen Stücken. Einige von uns müssen eine persönliche Tragödie überstehen, um als Autoren oder Songwriter den „Wahren Norden" zu finden. Ich brauchte vier Jahre, um die Musen und meine eigene Stimme zu hören. Erst dann war ich wieder in der Lage, die Titel zu schreiben und aufzunehmen, aus denen die endgültige Version des Albums *Little Earthquakes* wurde. Es war ein langer und beschwerlicher Aufstieg, um mir den Weg aus meiner persönlichen Hölle durch die Songs zu ebnen.

„Silent" wurde nicht unbedingt als politischer Aufruf verfasst, entwickelte sich aber dazu. Die mich im Herbst 1991 umgebenden Frauen erkannten die hochaufgeladene Debatte um die Kluft zwischen den Geschlechtern, die wir durchmachten.

Me And A Gun, eine EP, kam im Oktober 1991 auf den Markt und beinhaltete „Silent All These Years".

Die Musen ermahnten mich zur Vorsicht: *Du schreibst persönliche Stücke. Dennoch – das Thema sexuelle Übergriffe explodiert gerade in der politischen Welt. Das Persönliche ist nun das Politische.*

Am 11. Oktober 1991 – im Rahmen ihres einleitenden Statements – erhob Anita Hill [Juristin, Professorin und Frauenrechtlerin, die den späteren Obersten Richter Clarence Thomas sexueller Übergriffe bezichtigte, was landesweit große öffentliche Aufmerksamkeit erregte; Anm.] ihre Stimme und berichtete davon, eine Überlebende sexueller Belästigung zu sein. Als farbige Frau traf sie auf den Justizausschuss des US-Senats, bestehend aus 14 weißen Männern, und sagte: „Ich konnte nicht länger schweigen."

„Silent All These Years" spricht das an. Und so ist es auch bei „Me And A Gun".

SILENT ALL THESE YEARS

Excuse me but can I be you for a while
My dog won't bite if you sit real still
I got the Anti-Christ in the kitchen
yellin' at me again
yeah, I can hear that
Been saved again by the garbage truck
I got something to say you know
but nothing comes
Yes I know what you think of me
you never shut up
yeah I can hear that

But what if I'm a mermaid
in these jeans of his
with her name still on it
hey but I don't care 'cause sometimes
I said sometimes I hear my voice
and it's been here
silent all these years

So you found a girl who thinks
really deep thoughts
What's so amazing about really deep thoughts
Boy you best pray that I bleed real soon
how's that thought for you

my scream got lost in a paper cup
You think there's a heaven where some screams have gone
I got 25 bucks and a cracker
do you think it's enough
to get us there

'cause what if I'm a mermaid
in these jeans of his
with her name still on it
hey but I don't care 'cause sometimes
I said sometimes I hear my voice
and it's been here
silent all these

years go by
will I still be waiting
for somebody else to understand
years go by if I'm stripped of my beauty
and the orange clouds raining in my head
years go by will I choke on my tears
'til finally there is nothing left
One more casualty
you know we're too easy easy easy

≀ ≀ ≀

well I love the way we communicate
your eyes focus on my funny lip shape
let's hear what you think of me now
but baby don't look up
the sky is falling
your mother shows up in a nasty dress
hmm it's your turn now
to stand where I stand
everybody lookin' at you
Here taken hold of my hand
yeah I can hear them

But what if I'm a mermaid in these jeans of yours with her name still on it
hey but I don't care 'cause sometimes,

I said sometimes
I hear my voice
I hear my voice
I hear my voice
and it's been here
silent all these years
I've been here
silent all these
silent all these years

ME AND A GUN

Five a.m. Friday morning Thursday night far from sleep
I'm still up and driving can't go home obviously
So I'll just change direction 'cause they'll soon know where I live
And I want to live
Got a full tank and some chips
It was me
and a gun
and a man
on my back
and I sang „Holy Holy" as he buttoned down his pants
You can laugh
it's kind of funny
the things you think
in times like these
Like I haven't seen Barbados so I must get out of this
Yes I wore a slinky red thing
Does that mean I should spread
for you
your friends
your father
Mister Ed
it was me
and a gun
and a man
on my back
But I haven't seen Barbados so I must
get out of this
And I know what this means
me and Jesus a few years back
used to hang
and he said „It's your choice babe just remember
I don't think you'll be back in three days time so you choose well"

Tell me what's right
is it my right
to be on my stomach of Fred's Seville
it was me
and a gun
and a man
on my back
But I haven't seen Barbados so I must get out of this
And do you know Carolina
where the biscuits are soft and sweet
these things go through your head
when there's a man on your back
and you're pushed flat on your stomach
It's not a classic Cadillac
it was me
and a gun
and a man
on my back
But I haven't seen Barbados so I must
get out of this
no I haven't seen Barbados so I must
get out of this

2009 SUCHTE MICH EINE RICHTERIN im Backstage-Bereich auf. Sie führte ein Privatgespräch mit mir. Zuerst sprach sie über einen Song, zu dem sie eine Beziehung aufgebaut und der sie auf ihrer Reise begleitet habe. Seit sie mir diese Geschichte berichtete, sind über zehn Jahre vergangen. Der Grund, warum sie gerade jetzt ins Zentrum meines Buches rückt, liegt darin, dass ich immer häufiger ähnliche Erzählungen höre. Das bedeutet, dass ich als Teil des kreativen Prozesses das dokumentiere, was mir Leute mitteilen. Dadurch entsteht ein Song für ein zukünftiges Album.

Ich weiß nie, wie sich das auswirken wird, doch ich beginne ein Netz aus den Eindrücken zu spinnen, auf die ich treffe. Lange Zeit habe ich Worte aufgeschrieben und einfache Zeichnungen angefertigt, die alles verbinden. Dabei wird nicht jedes Element genutzt, aber es ist eine Möglichkeit, eine Idee wachsen zu lassen, zu expandieren. Das kann die Form einer Karte annehmen, ähnlich dem Artwork und den Liner Notes bei *From The Choirgirl Hotel*. Möglicherweise sieht es aber auch so aus wie die Legemuster von Tarot-Karten oder ein Medizinrad oder ein Familienstammbaum oder eine geometrische Form.

So eine Herangehensweise lässt sich auf jedes Thema und jeden Song anwenden. Für mich stellt es immer ein Mysterium dar, wenn ich sehe, wie sich ein Stück selbst präsentiert. Über eine Beziehung zu schreiben, in der Missbrauch geschieht, bedeutet noch lange nicht, dass ich nur solche Beziehungsformen recherchiere.

Ich habe tiefes Vertrauen in diesen Kreativprozess, der sich wieder und wieder bewährt hat. Indem ich unterschiedliche Netze und Kartenzeichnungen nutze, wird der Song zu einer Mitschöpferin, während wir gemeinsam ihr Potenzial erkunden. Ich weiß, dass in Situationen, in denen sich Schnittpunkte ergeben, möglicherweise zukünftige Arbeiten angestoßen werden.

Die Richterin führte ein Leben geprägt von Höllenqualen und Vertuschung. Sie verfügte ihrer Meinung nach im Gerichtssaal über eine große „verantwortungsvolle Macht", doch sie fühlte sich machtlos in ihrer Ehe als Überlebende häuslicher Gewalt. Sie warnte mich vor der Einschätzung, dass eine erfolgreiche Frau (oder ein Mann) hinter geschlossenen Türen vor unvorstellbarem Missbrauch geschützt sei. Da sie ein Song, den ich mitgeschrieben hatte, während der Zeit der Misshandlungen und der darauffolgenden Genesung begleitete, wollte sie, dass ich die komplexen Zusammenhänge verstünde, denen sie sich stellen musste. Sie erklärte, der Song habe ihr etwas gegeben – und nun wolle sie etwas zurückgeben.

Ich dankte ihr, indem ich meinte: „Wir unterhalten uns gerade über ein bestimmtes Stück, das ihnen während des Albtraums nahe war, doch während sie reden, wird der Same für zukünftige Songs gesät." Sie stimmte mir zu.

Diese Frau wollte, dass ich das Ausmaß ihrer Scham verstand. Sie malte ein Bild von zwei erfolgreichen Menschen, die ein gutes Leben führten. Von außen gesehen, betrachteten einige ihr Leben mit Neid. Sie wurden zu den „richtigen" Veranstaltungen eingeladen, den exklusiven Partys, den Wohltätigkeitsgalas, den politischen Spendenaktionen, Premieren beim Ballett, Kunstausstellungen und was einem sonst noch so einfällt. Doch so respektabel ihr Platz in der Gesellschaft auch zu sein schien, war ihr Mann noch deutlich mächtiger. Sie erzählte mir nicht, wann der Missbrauch begann und wie lange sie die Lüge darüber aufrechterhielt. Doch sie berichtete davon, sich an einem bestimmten Punkt als wertlos eingeschätzt zu haben, da er dieses Gefühl förmlich in sie hineinprügelte. Sie fürchtete, es niemandem in ihrem sozialen Umfeld erzählen zu können, da die Leute sicherlich das Risiko einer Einmischung vermeiden würden, weil ihr Mann zu einflussreich und mächtig war.

Dann begann sie neue Freundschaften mit Songs zu schließen – meiner gehörte dazu –, und diese Songs wurden zu ihren Vertrauten. Sie hatte sich vor zehn Jahren eine Frage gestellt: War die häusliche Gewalt am Abnehmen oder am Zunehmen? Hatte dieses brutale Verhalten das Justizsystem durchdrungen, vertuscht von den Menschen, die die Gesetze auslegten? Und andere zum Verstummen brachten.

Wenige Monat nach der Unterhaltung mit der Richterin besuchte mich ein Musikwissenschaftler von der Deutschen Grammophon. Dr. Alexander Buhr präsentierte mir die Idee, einen auf klassischen Themen basierenden Songzyklus zu schreiben. Die musikalische Geschichte begann mit dem Song „Shattering Sea".

SHATTERING SEA

that is not my blood on the bedroom floor
that is not the glass that I threw before
He gets his power from tide and wave
but grains of sand are my domain
His tempest surged an angry flash
then through my arms formed a sea of glass

Shattering Sea closing my eyes
Shattering Sea closing my eyes
Shattering Sea closing my eyes

every line
every curve
every twist
every turn
of every brutal word
every turn
every line
every twist
every line
every curve
every twist
every curve
of every brutal word
that is not my blood on the bedroom floor
that is not the glass that I threw before

LINKS: Der Hochzeitsumhang.

UNTEN: Mark Hawley, Tori und
Rev. Martin Gillham.

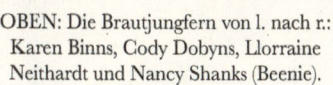

OBEN: Die Brautjungfern von l. nach r.:
Karen Binns, Cody Dobyns, Llorraine
Neithardt und Nancy Shanks (Beenie).

RECHTS: Die Trauzeugen von l. nach r.:
Rob van Tuin, John Witherspoon und
Marcel van Limbeek.

LINKS: Mit Johnny Witherspoon, 1992.

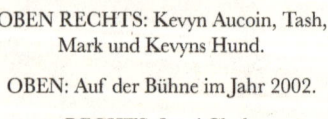

OBEN RECHTS: Kevyn Aucoin, Tash,
Mark und Kevyns Hund.

OBEN: Auf der Bühne im Jahr 2002.

RECHTS: Jenni Clark.

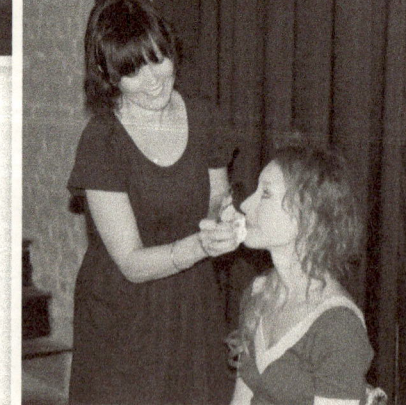

OBEN LINKS: Auf dem Weg
zur Bühne, 2003.

OBEN RECHTS:
Schockgefroren auf der
Promotour in Skandinavien,
2005.

OBEN: Bösendorfer
und Freunde.

LINKS: Mary, Ed und Tori,
Doll Posse-Tour.

RECHTS: Mit Bary Lee Moe.
UNTEN LINKS: Moskau, 2014.
UNTEN RECHTS: Dolle Posse Santa.
GANZ UNTEN: Doll Posse Pip.

ALS MIR DIE RICHTERIN IHRE GESCHICHTE mitteilte, arbeitete ich an dem Album *Midwinter Graces*. Wir hatten die Basic-Tracks vor der *Abnormally Attracted To Sin*-Tour 2009 eingespielt und nahmen die Overdubs während der Konzertreise auf. Dadurch wurden zwei Alben in kurzer Abfolge nacheinander produziert.

Eine Tour nach Veröffentlichung des einen Albums, während ich gleichzeitig ein neues einspielte, war für mich höchst ungewöhnlich. Das bedeutete, irgendwo in Amerika aus irgendeinem Studio zu kommen – wobei *Midwinter Graces* noch im meinem Kopf „lief" –, und dann sofort die Eindrücke der Leute zu erfahren, die andere Stücke aus alten Alben bei ihnen hinterließen, und den damit verbundenen Storys zu lauschen wie derjenigen der Richterin. Auf *Midwinter Graces* fanden sich Eigenkompositionen zum Thema Winter, doch überwiegend waren es Variationen traditioneller Weihnachtslieder. Während die Richterin mit mir redete, sorgten John Philip Shenales Arrangements von „Coventry Carol" aus dem 16. Jahrhundert für einen unheimlichen und beklemmenden klanglichen Hintergrund zu ihrer Stimme.

Als mich Alexander Buhr auf seine Idee ansprach, einen zeitgenössischen Songzyklus, basierend auf klassischen Themen, zu produzieren, unterhielten wir uns intensiv über *Midwinter Graces*. Einige der vorhergehenden Entdeckungen, die mein Team und ich gemeinsam gemacht hatten, ließen sich wunderbar bei den Traditionals anwenden. Bei der Auswahl wurde die gleiche Vorgehensweise angewendet, die ich zuvor bei Fremdkompositionen einsetzte. Ich holte – falls nötig – zuerst eine Erlaubnis ein, wonach ich mich in die Struktur „verkroch", also in die klangliche Blaupause.

Meiner Meinung nach sind die meisten Stücke neugierig auf verschiedene Interpretationen ihrer Essenz. Nachdem ich mit ihnen gearbeitet habe, sage ich: *Danke dafür, dass du mir deine Geheimnisse verraten hast. Bitte arbeite doch mit mir.* Oder ich danke dem Song und gebe zu, dass ich bestimmte Energien oder Fähigkeiten dafür nicht hätte und dass ein anderer ihm eher gerecht werde, wonach ich mich respektvoll aus seiner Struktur zurückziehe.

Der Schaffensprozess bei einem Album kann den bei einem anderen stark beeinflussen. *Midwinter Graces* war für mich wie eine Führerin, wodurch ich mich auf die Suche begab, um herauszufinden, wie man Variationen von klassischen Themen für die Deutsche Grammophon entwickelt.

Ich glaube, dass die Geschichte der Richterin mich auf die Protagonistin des Songzyklus *Night Of Hunters* brachte. Eine Frau in einer Krise und das Ende einer Beziehung bilden das Zentrum der Geschichte. Der Songzyklus erzählt in einzelnen Abschnitten, wie die Frau ihr Selbstwertgefühl verliert. Ein Grundelement ist die Geschichte der Frau, die sich selbst als unabhängig einstufte, sich aber in einem „Netz aus Macht- und Hilflosigkeit" wiederfand. Das wird auch in „Job's Coffin" erforscht, einem anderen Song des Albums.

Die Story wurde von Frauen und auch Männern beeinflusst, die durch Missbrauch geprägte Beziehungen überstanden und sich bereiterklärten, mit mir die von ihnen erlebten komplexen Emotionen zu teilen. Diese bezogen sich auf verbale Misshandlung und brutale Drohungen oder die Kombination von körperlichem und verbalem Missbrauch. Die Leute erzählten mir, nur noch die Hülle ihres früheren „Ichs" gewesen zu sein. Schnell wurde klar, dass sie – aufgrund von wenig oder gar keinem Selbstwertgefühl – den Eindruck hatten, kaum mehr über eine Möglichkeit zu verfügen, den unterdrückenden Kontrolleur in ihrem Leben zu bekämpfen. All diese Aspekte sollte im Rahmen des Album-Narrativs erkundet werden. Die Protagonistin des Songzyklus musste sich mit Hilfe der spirituellen Dimension auf eine Reise begeben, um ihr Selbstwertgefühl wiederzuerlangen. Ihre hilfreiche Begleiterin, eine Gestaltwandlerin, nahm die Form von zwei Tieren an, die ihr ähnelten. Anabelle, eine Füchsin, die Jägerin, und Anabelle, eine Gans, die Gejagte. Die Kraft der Natur wurde von der Feuer-Muse repräsentiert. Tash sprach Anabelle, und meine Nichte Kelsey Dobyns lieh ihre Stimme der Feuer-Muse. Nachdem

Kelsey schon bei *Midwinter Graces* mitgewirkt hatte, setzte sich hier unsere Kooperation fort.

Nach einer groben Skizzierung der Handlung bestand die nächste Herausforderung darin, die Songfragmente mit den klassischen Themen in Verbindung zu bringen. Nicht nur erklärte ich den Mitwirkenden meine Angst davor, mit den alten „Meistern rumzumachen", wie ich es nannte; ich fand mich auch neben dem Piano sitzend am Boden und erklärte all den toten Meistern mein ängstliches Zögern. Ich hatte viele Komponisten und ihre Werke auf dem Radar. Mir die Erlaubnis von jedem einzelnen einzuholen wurde zu einem täglichen Ritual. Die Dankbarkeit, die ich gegenüber den zahlreichen Schöpfern der Werke empfinde, die mir Einsicht in ihre Arbeiten gestatteten, ist wahrhaft grenzenlos.

Ich glaube tatsächlich daran, dass sich viele von ihnen spirituell hier befinden, um uns allen bei der Schöpfung von Musik zu helfen, indem sie die Kraft ihrer Kunst mit uns teilen, in einer herausfordernden Zeit der Geschichte. Ihre Kunst dokumentiert eine Menschheit, die Grausamkeit und Kriege überlebte. Sie verlieh unseren Vorfahren eine immense Kraft, um schlimme Ungerechtigkeiten zu überstehen. Die Schöpfer vor uns wurden angerufen, um durch Musik, Gemälde, Skulpturen, Gedichte, Songs, Geschichten und Theaterstücke die Dämonen auszutreiben, und zwar auf die Art und Weise, wie sie es am besten konnten – durch ihre Kunst.

Der Mythos von Cerridwen (der Göttin der Dichtkunst und Verwandlung) und ihres magischen Tranks inspirierten mich zu „The Chase". Cerridwen hatte zwei Kinder: eine wunderschöne Tochter namens Creirwy und einen Sohn namens Morfran, beschrieben als äußerlich abscheulich. Um ihrem Sohn eine bessere Zukunft zu ermöglichen, entschied sich Cerridwen, eine mächtige „weiße Hexe" bzw. auch „weiße Göttin", dazu, ein Jahr und einen Tag lang einen Zaubertrank über einem Feuer zu brauen, in einem Kessel mit dem Namen Awen. Das magische Elixier sollte ihrem Sohn Weisheit schenken, damit ihn alle verehrten. Cerridwen wusste, dass sie den Inhalt des Kessels hüten musste, da jeder ihre Kräfte kannte. Das

Feuer wurde daraufhin von einem blinden Mann bewacht, und ein Junge namens Gwion Bach musste den Trank ständig umrühren. Der Junge verschüttete drei Tropfen des Gebräus, verbrannte sich die Hand und legte die Lippen auf die versengte Haut, um den Schmerz zu lindern. Er wusste nicht, dass die ersten drei Tropfen das Geschenk großer Weisheit und die Kunst der Verwandlung mit sich brachten. Der restliche Trank im Kessel verwandelte sich in Gift. Cerridwen aber bemerkte, was geschehen war, und begann, ihn zu jagen, während er sich von einer Gestalt in die andere verwandelte, glaubend, er könnte die weiße Hexe austricksen.

Bei *Night Of Hunters* hat Anabelle die Protagonistin Tori gelehrt, wie die Poesie als Waffe eingesetzt werden kann – möglicherweise von einem Dichter, der einem bösen Herren dient und der weiß, wie man andere durch das Schmieden von Wörtern zerstört – und was für gefährliche und zerstörerische Konsequenzen das hat.

In dem alten Mythos wurde Cerridwen zu einer Henne, nachdem Gwion Bach sich in ein Korn verwandelt hatte. Nachdem sie das Korn schluckte, gebar sie einen Jungen. Statt das Baby zu töten, legte sie es in ein großes Boot und entließ es ins Meer. Dort wurde es von Fischern entdeckt und dem bisher unglücklichen Prinzen Elffin übergeben. Das Baby war ein Wunderkind und entwickelte sich durch die Kunst der Poesie und der Vorhersehung zum legendären Zauberbarden Taliesin. Er verfügte über die Macht, Krieger zu inspirieren, um Invasoren abzuwehren.

THE CHASE

(Duett zwischen der Protagonisten Tori
und der Gans/dem Fuchs Anabelle)

Tori: *Out there are Hunters*
Anabelle: *Let's say Predators*
Tori: *I have weapons that could destroy them*
Anabelle: *You must out create it's the only way*
I am the Hunter and the Hunted
joined together
Tori: *you create duality*
Anabelle: *and neutrality*
I must leave you with the Fire Muse
show her the riddle
It is serious if you lose
Out There
Tori: *I'll be the Hare*
Anabelle: *Then I'm the Greyhound*
chasing after you
Tori: *Then I'll change my frequency*
to a Fish that thinks
Anabelle: *Then you will find yourself*
in the paws of the Otter near her jaws
Tori: *Then I'll grow my wings as a Flying Thing*
Anabelle: *Flying Thing you be warned I'm the Falcon*
Tori: *Watch me change to a Grain of Corn*
Anabelle: *A Grain of Corn?????*
Hear the Alarm in your head?
I'm the Hen
T. und A.: *Black and Red*
Anabelle: *And You're in My Barn*
They would have won
Use your head
or you'll be Dead

WIR FUHREN LOS, NACHDEM DER EXORZIST Georgetown betrat, an was ich mich als den Beginn meiner Vision von unserer Pilgerreise im Juli 2016 erinnere. Ich wusste in dem Moment noch nicht, dass eine der wichtigsten Aufgaben meiner Kunst der nächsten vier Jahre – und das ist immer noch so – die Erforschung der Kraft und Energie des „Besessenseins" sein würde. Nach vier Jahren der Beobachtung und des Lernens kann ich immer noch nicht behaupten, das Phänomen verstanden zu haben. Man mag daran glauben oder auch nicht, aber ich sehe es als eine Kraft an, und meine Erfahrungen überzeugen mich, dass es sich um eine immense Kraft handelt.

Einige, die ich schon seit Jahren kenne, wollten mir etwas über ihre Kindheitserfahrungen erzählen. Sie gehören nicht zur christlichen Religionsgemeinschaft, die verlauten ließ, dass Exorzismen zunähmen. Sie behaupteten, von einem bösen Geist besessen gewesen zu sein, der sie krank gemacht habe, und davon, dass es ein wahres Martyrium gewesen sei, ihn zu bekämpfen und dann auszutreiben, durch eine Person, die man als Exorzisten bezeichne.

Die Pilgerreise ist eine Praktik, die ich schon so lange ich denken kann einsetze, um die Kreativität anzufachen. Sie ist für mich ein Weg, um mich für ein neues Projekt aufzuladen oder ein Projekt weiterzuführen, das einen neuen Energieschub benötigt. Diese Reise markierte einen Beginn. Aus mehreren Gründen schien es mir im Juli 2016 sinnvoll, Washington, D.C, als Ausgangspunkt festzulegen. Die Stadt ist das Epizentrum der Macht, das alle Kandidaten besetzen wollen – der Zielpunkt und alles, was damit zusammenhängt, wenn du der neue Präsident der Vereinigten Staaten werden willst.

Meine Erfahrung mit dem „Besessensein" besteht darin, dass es sich manchmal destruktiv und bösartig anfühlt, sich aber in der Gesamtheit auch anders auswirken kann. Basierend auf dem, was mir Leute anvertrauten oder was ich darüber gelesen habe, glaube ich jedoch, dass das „Besessensein" von einem Dämon zutiefst beängstigend ist und auch lebensbedrohlich.

Eine andere Künstlerin wollte ausdrücklich mehr von mir über die Musen erfahren, und die Diskussion drängte mich dazu, darüber ausführlich nachzudenken. Ich blieb dabei, dass das, was ich mit den Musen und den Songs teilte, auf einer Art Verschmelzung beruhe. Das lag daran, dass ich den Begriff Besessenheit negativ verstand, als sich auf einen Dämon beziehend, der einen menschlichen Körper als Wirt in seinen Besitz bringt. Dahingegen beruhte die „Verschmelzung" auf einer Übereinkunft. Die Künstlerin argumentierte: „Schau, T, wenn etwas wie eine Ente geht und wie eine Ente spricht, dann ist es auch …"

„Vielleicht ist es aber auch eine Gans?", entgegnete ich.

Sie antwortete: „Nenn es, wie du willst, aber auf jeden Fall musst du das Thema erforschen – denn die beiden sind ja verwandt. Lass mich wissen, was du herausfindest."

In dem Hotel in Georgetown trafen sich meine Schwester Marie und ich mit einer lieben Freundin, Polly Olsen von der Yakama Nation. Polly und Marie nahmen an der Konferenz der Association of American Indian Physicians (AAIP) in D.C teil, bei der Marie schon seit über 40 Jahren wirkte. 1978 nahm sie an einem Programm der University of North Dakota teil, das Studenten indianischen Ursprungs das Medizinstudium ermöglichte. Dort wurde sie Co-Präsidentin der Association of Native American Medical Students. Das Programm gibt es immer noch.

Polly und Marie entzündeten den Salbei und das Duftende Mariengras, und wir sprachen am Abend, bevor ich in die Smoky Mountains aufbrach, über die Bedeutung meines Vorhabens. Zuerst wollte ich der Anziehungskraft nachspüren, die mein Großvater Poppa in den Bergen im tiefen Süden empfunden hatte. Er war während meiner Kindheit ein wichtiger Einfluss gewesen mit seinen Geschichten, inspiriert von einer Großmutter, die zu den amerikanischen Ureinwohnern gehörte.

Ich wollte zudem ein Gespür dafür bekommen, wie sich die Leute fühlten. Der Nominierungsparteitag der Republikaner sollte in einer und derjenige der Demokraten in wenigen Wochen stattfinden. Donald Trump würde von den Republikanern nominiert, wohingegen die Demokraten in zwei Lager aufgespalten waren, eins für Hillary Clinton und eins für Bernie Sanders.

Johnny – Johnny Witherspoon, mein Freund und Manager – reisten schon früh am Morgen ab. Wir wollten Asheville in North Carolina noch vor Sonnenuntergang erreichen.

Eine Pilgerreise ist für mich eine Unternehmung, um ein Muster zu durchbrechen. Das bringt mich dazu, auf eine andere Art zu denken. Ich beobachte Leute an unterschiedlichen Orten anders als zuvor. Da ich mich dort nicht auskenne und mich auch nicht „unbewusst sicher" fühle, besteht die natürliche Antwort auf die Situation in einer Schärfung der Sinne. Der Schlüssel dazu besteht in der Balance zwischen sachlicher Wahrnehmung und einer gesunden Angst vor dem Unbekannten. Ja, natürlich mag das auch die Romantik des Unbekannten sein. Vermutlich ist es das Ausbalancieren zwischen der romantischen Empfindung einer neuen Situation sowie der dazugehörigen Menschen und dem ängstlichen Teil von mir, der immer wachsam ist. All das für einen Song? Ja, absolut! Was auch immer nötig ist, solange es denen, die ich liebe, gutgeht.

Einige Autoren richten in ihrem Leben Schaden und Verwüstung an, um eine bestimmte Spannung zu erzeugen, die sie bis zu dem Punkt treibt, der ihnen neues Material liefert. Doch vertrau mir: Dort draußen ist neues Material, und genug für uns alle. Dennoch habe ich herausgefunden, dass ich – um es zu sehen – manchmal aus der Routine ausbrechen muss. Eine Autorin unterhielt sich einmal mit mir darüber, einen bestimmten Ort zum Schreiben aufzusuchen – einen Schuppen hinter dem Haus. Das funktionierte bei ihr. Einer anderen, die ich kenne, steht ein Hausboot zur Verfügung. Sie hält sich dort auf, bis die Musen erscheinen. „Und was ist, wenn sie nicht kommen?", fragte mich kürzlich ein Autor. Ja, an den meisten Tagen schießt diese magische Kraft *nicht* in meinen Körper. Jede Form des Schreibens/Komponierens ist gleichzeitig eine Übung in Disziplin. Jemand wollte von mir wissen, wie ich mit einer Schreibblockade umgehe. Meine Antwort lautete, dass ich diese Vorstellung niemandem abkaufen würde. Das ist ein masochistischer Gefühlsstrudel bei Autoren, bei dem ich nicht mitmache und der mich anödet. (Ein wichtiges Element der Disziplin eines Autors besteht darin, langweilige Vorstellungen so schnell wie möglich zu verwerfen.) Schaue ich mir meine Aufzeichnungen an, auf die ich mich immer beziehe, erkenne ich ein Muster des Ideensammelns, wonach ich diese Ideen in eine Kunstform bringe und sie in die Welt freilasse. Es ist also eine Input-Output-Rotation. Es gab – wenn ich bei der Wahrheit bleibe – eine Zeit, in der mich kein Veranstalter frühzeitig engagierte. Niemand wartete auf meine Kunst. Doch in den letzten 20 Jahren wurden meine Tourneen ein Jahr im Voraus gebucht, und so musste ich mich selbst „beschwören", wenn die Musen ausreichend zu tun hatten beim Besuch eines anderen Komponisten. Als ich noch eine unbekannte Künstlerin war, gab es allerdings eine andere Form des Drucks: das reine Überleben. Wenn du bekannt bist, musst du hingegen pünktlich abliefern. Über all die Jahre lernte ich, dass es dafür verschiedene Wege gibt. (Um es deutlich zu sagen – das ist auch einer der Gründe, warum ich dieses Buch schreibe.)

Täglich finden sich Momente, Ideen aufzunehmen und sie in Kunst umzuwandeln. Du brauchst dafür Hingabe und eine eiserne Disziplin. Alle Künstler müssen während eines Projekts „Holz schlagen und Wasser tragen", sich also einer Notwendigkeit unterziehen, mit Disziplin. Da das Songwriting eine einsame Beschäftigung ist, kann es als eine vorbeiziehende, kurzfristige und aufregende Tätigkeit interpretiert werden. Ich habe Briefe von enttäuschten Autorinnen bekommen, die sich bitterlich darüber beklagten und gestresst waren, weil man sie über die Realität des Künstlerdaseins belogen habe. Was Propaganda so anrichten kann! Wenn ich zu diesen Schreihälsen gehörte, muss ich es nun klarstellen.

Künstler zu sein erfordert Arbeit, harte Arbeit. Ich verstand es nicht, wenn jemand aus dem Jungs-Club sagte: „Soundso hatte nur ein Album in sich." Ich benötigte eine ganze Zeit, um das zu verstehen.

Die erste Platte zu komponieren oder das erste Buch zu schreiben ist sicherlich nicht die schwierigste Aufgabe, die du meistern musst.

Die zweite Platte zu komponieren oder die sechzehnte – vielleicht! Das liegt darin begründet, dass ein Autor für sein erstes Werk sein ganzes Leben lang Zeit hatte. Die meisten Kritiker haben zudem eine geheime Schwäche für einen jungfräulichen Autor. Es gibt momentan viel zu viele Künstler, die deprimiert und verzweifelt sind – oder exakt das Gegenteil –, sich also in einem Zustand der Panik befinden, was mich dazu drängte, mich zu öffnen und alles über meinen Schöpfungsprozess zu verraten, um ihnen die nötige Stärke zu vermitteln. Stärke, um gegen das Monster zu kämpfen. Eine Schreib-Paralyse kann ein Monster sein. Die mentalen Spielchen, die ein Künstler mit sich selbst spielt, können genau zu diesem Spektrum gehören. Sich voll und ganz für das Erreichen eines Ziels einzusetzen und zur selben Zeit dem klaffenden Abgrund des Nichts hinter sich mit einem kräftigen *Fuck you* zu entkommen – das ist die Spannung, die wir alle in uns tragen.

In den Neunzigern fragte mich eine Kritikerin: „Lesen Sie die Presse?"

Meine Antwort: „Nein. Ich lasse mich davon nicht runterziehen."

Sie antwortete: „Wie arrogant."

Ich schaute ihr direkt in die Augen: „Wie sadistisch."

Das gehört dazu. Es gibt nicht immer nur Feen, Musen und Engel. Manchmal fühlt es sich an, als würdest du mit Dämonen tanzen.

Songwriterin zu sein ist sicherlich nicht immer schön. Es kann verängstigend sein, denn wir graben Gefühle aus, die uns mit den Teilen des Ichs konfrontieren, die wir lieber verstecken, wenn wir etwas in den sozialen Medien posten. Die Spannung besteht für mich darin, diese Energie bereitzuhalten, damit sie den Songs, koste es, was es wolle, dient, und nicht zu vergessen, immer an eine gesunde Portion *Fuck off* zu denken. Das Piano schien mir einmal zu sagen: „Lass deinen verweichlichten Arsch am Thanksgiving-Tisch sitzen, wo er dir zum Vorteil gereicht und dich von Streitereien abhält, aber trau dich bloß nicht, ihn mitzubringen."

ζ ζ ζ

Bei der Ankunft in Asheville waren wir durch eine Welt gefahren, die sich für mich ungewohnt anfühlte. Niemand verzog eine Miene, wenn sich ein Mann mit einer Knarre am Gürtel einen supergroßen Caramel Macchiato mit fettarmer Milch bestellte, mit drei Schuss Hochprozentigem zusätzlich. Nicht lange, nachdem wir Washington hinter uns gelassen hatten, sahen wir die ersten Pro-Trump-Aufkleber auf der hinteren Stoßstange der Fahrzeuge.

Wir nutzen das magische Asheville als Basis, fuhren früh raus und kamen zu einem späten Abendessen zurück. Während dieser Zeit erlebten wir alles nur Erdenkliche. Während einer Fahrt – Johnny saß am Steuer – schlug ein Blitz in einen Baum ein, und Äste stürzten auf unsere Windschutzscheibe herab. Besonders während des Mittagessens – wenn wir uns weit entfernt vom Stadtzentrum aufhielten – beobachten wir die Menschen und hörten ihnen zu. Die Leute sprachen vom dringenden Bedürfnis nach Veränderung. Wir spürten, Zeuge einer Stimmung zu sein, die sich nicht in den Wählerumfragen widerspiegelte.

Die grundsätzliche Meinung unter den Kellnerinnen und Kellnern sowie den anderen Gästen deuteten ein klares *Wir* und *Sie* an. Die in Washington seien alle korrupt. Wie Möchtegern-Milliardäre und tatsächliche Milliardäre das ändern sollten, wusste wohl niemand, doch wie sich zeigte, gab es die Auffassung durchaus, dass Milliardäre die Antwort auf das Problem darstellten. Die Massen hatten es 1980 nicht geglaubt – wie ich schon zuvor erwähnte, als David Koch sich mithilfe des liberalen Tickets die Präsidentschaft zu sichern versuchte. Das lag eindeutig daran, dass die Milliardäre ihre Philosophie damals nicht verbargen. Sie glaubten, dass nur wenige auserwählte Leute den ganzen Reichtum haben sollten und dass du und ich nur für den Wert unserer Leistungen stünden. Als die Stimmung im Laufe der Jahre besser eingeschätzt wurde, erkannten sie aber, dass ihre Mission und die Botschaft nicht so gut ankamen, da die Menschen Leibeigenschaft ablehnten.

Daraufhin machten sie etwas so Einfaches, dass es problemlos funktionierte. Um die Leute dazu zu bringen, gegen sich selbst zu wählen, verpackten sie ihre Marke neu und logen hinsichtlich ihrer wahren Philosophie. Diese bestand und besteht darin, dass eine kleine ökonomische Aristokratie die Masse der Bevölkerung unterjocht, die ihnen unter der Dominanz der Fiskalpolitik dient. Sie würden Politiker kaufen, Lobbyisten für sich vereinnahmen und Rechtsanwälte, die die Demokratie von innen heraus zerstörten. Es gab zahlreiche „nicht so erfolgreiche" Geschäftsmänner und Geschäftsfrauen, die jederzeit bereit waren, für den eigenen Vorteil alles zu machen.

Doch im Juli 2016 geschah noch etwas anderes. Die Menschen fühlten sich durch den Hass stark. Der Hass hatte viele in seinen Klauen, von den Republikanern über die Demokraten bis hin zu den Liberalen. Das ging durch alle Reihen. Wir durchlebten eine Form des Wahnsinns. Das Verspritzen verbalen Gifts erinnert mich an eine verdrängte Szene. Es geschah vor 21 Jahren im Herbst 1995 im tiefen Süden. Wir nahmen das Album-Artwork für meine dritte Veröffentlichung auf, *Boys For Pele*. Die Platte wurde auf beiden Seiten des Atlantiks mitgeschnitten, in einer Kirche in County Wicklow und in Kinsale, County Cork, in Irland und dann auch noch im Herzen von New Orleans.

Die Location lag ungefähr zweieinhalb Stunden von New Orleans entfernt. Karen Binns, eine Person of color, gehörte natürlich mit zum Team. Sie nahm mich beiseite und sagte: „Tor, ich fühle mich unbehaglich. Die Leute sehen mich so merkwürdig an." Um ehrlich zu sein, nahm ich es zuerst gar nicht wahr. Ich antwortete ihr: „Sie haben halt noch nie gesehen, was du mit der Londoner Mode so alles anstellst."

Als wir uns aber als Team zum Essen hinsetzten und alle Mahlzeiten bis auf Karens kamen, begann ich zu verstehen. Als das ein zweites Mal passierte, war klar, dass es sich um keinen Fehler handelte, sondern um eine gezielte Feindseligkeit gegen sie. Als wir mitten auf einem brennenden Feld Fotos schossen, ließ ein Mann einen Kommentar über sie vom Stapel: *Schick sie zurück*. Ich stellte ihn zur Rede. „Was zum Teufel ist denn hier los?"

Seine Rechtfertigung? „Ihr habt euch dazu entschlossen, hierher zu kommen. Erinnere dich daran.“

Während ich das schreibe, also etwas über eine Zeit, von deren Einstellungen wir uns entfernt haben sollten, bringt mich der vergiftete Sprechgesang, den unser Präsident angestoßen hat, zum Schreiben eines neuen Songs:

Send her back to Michigan
Send her back to the Bronx
Send her back
Send her far away
But what if that's The USA?

Ich wurde in North Carolina geboren und verbrachte dort später jedes Jahr viele Wochen. Dadurch ruft mich der Süden und hält Erinnerungen bereit. Eine Pilgerreise von D.C. zu den Smoky Mountains im Jahr 2016 zu unternehmen brachte das Gefühl zurück, dass uns wieder Scarlet führte, die Protagonistin der Geschichte des Albums *Scarlet's Walk*. Beim Dinner in Asheville mit gastfreundlichem Personal im College-Alter und einer gemischten Gruppe von Gästen, ergänzte Johnny die Story dann um die Geschichte der extremen Behandlung Karens, von der ich ihm erzählt hatte: In Restaurants in New Orleans wurde sie noch in die Arme genommen – und zweieinhalb Stunden außerhalb der Stadt stieß sie auf radikale Ablehnung.

Johnny erinnerte mich: „Das war nicht nur bei *Pele* so. Das passierte auch in Montana, bei der Knipserei für *Scarlet's Walk*. Wie du dich erinnerst, war ich auch da und musste nachfragen, wo denn ihr Essen blieb.“

„Ja, die Erinnerungen kommen jetzt wieder“, antwortete ich. „Was glaubst du, um was ging es da überhaupt?“

Er fuhr fort: „Tja, im Team gab es einige Frauen aus verschiedenen Kulturen, die eine unglaubliche kreative Kraft darstellten und integriert waren. Es gab keine soziale Hierarchie. Alle arbeiteten miteinander und sagten am Tisch ihre Meinung. Und an unserem

Tisch saßen Leute mit unterschiedlichsten Backgrounds."

„Okay. Wir sahen also wie sprichwörtliche Fremdlinge aus. Vielleicht wurde der Kulturschock aber aus beiden Perspektiven erlebt?" Ich ließ seinen Gesichtsausdruck auf mich wirken.

„Yeah, wir fielen als Gruppe auf. Aber erinnerst du dich an diese phantastische Begegnung mit dem Teenager?", wollte Johnny wissen. An einem Tag des Shootings beobachtete uns ein junger Typ aus der Entfernung. Als wir nach einer Weile eine Pause machten, kam er auf uns zu. Um sich das Bild vorzustellen: Wie hielten uns im Big Sky Country [Montana; Anm.] auf. Dort unterdrückt Mutter Natur die Menschen nicht. Sie bringt das Geschenk der „Erweiterung", nicht der Beschränkung. Als sich der junge schwule Mann dann outete und uns anvertraute, wie sein Alltag sei, geschah das unter einem Himmel, der grenzenlos erschien. Das wirkte auf eine bestimmte Art ironisch. Wenn jede Beziehung, außer die zwischen einem Mann und einer Frau, als Abweichung angesehen wird, kann es beängstigend sein, zur Gruppe der LGBTQ [Lesbian, Gay, Bisexual, Transgender, Queer; Anm.] zu gehören. Für ihn war es zu einer wahren Kunstform geworden, durch gefährliche Gewässer zu navigieren.

Ich weiß das, weil mich Schwule unter ihre Fittiche nahmen, als ich 13 war, mich das Überleben lehrten – manchmal auch dank einer hohen Dosis Realität, die man mir sprichwörtlich einimpfte, und mir aufzeigten, wie ein Teenager-Girl in Washington manipuliert werden konnte. Aber das ist wieder ein Lied für sich, und die Erfahrungen sind tief in mir verwurzelt. Diese feenhaften Patenonkel versuchten, mich zu lehren, dass schon ein Hauch Würde reiche, um lange standhaft zu bleiben, eine Lektion, an die ich meine innere Löwin oft erinnern muss, doch sie gaben und gaben und gaben nicht auf – und gaben nicht auf. Gelobt sei der Herr. Sie führten mich also ins Leben ein, getauft in einer Bar zu Stärke und zum sichtbaren Aufblühen.

INVISIBLE BOY

you are
are not just
an invisible boy
if you want to be one
an invisible boy

you could go under cover
make your great escape
go where only eagles dare go
without needing wings
jump on a Triumph like Steve McQueen
it's time you lived your dream
„but how can this be" you say
„won't it all fade away
if I'm only made out of clay
only made out of clay"

you are
are not just
an invisible boy
if you want to reach her
as an invisible boy

♪ ♪ ♪

you could sit down beside her
hold her as she cries
call upon your friends the cloud riders
to unlock the sky
then wave to the snowdrops skating by
catch the laughter from her eyes
„but how can this be" you say

,,won't it all fade away
if I'm only made out of clay
only made out of clay"

you are
are not just
an invisible boy
if you want to be one
an invisible boy

you could cross over to the
Great Pub in the Sky
there you'll find him listening to a lost soul
pouring them a pint
then you'll know you have missed his advice
and he'll look you in the eye
,,if you want to be" he'll say
,,to be only partially a boy that's made out of clay
we're all made out of clay
but not you
you are my best invisible boy
if you want to be this
an invisible boy
then only those who can see you
will be better off because they can
see and believe in
my best invisible boy
my best invisible boy"

MIT DER HAUCHZARTEN MUSIKALISCHEN Untermalung von Venus Envy ergab ich mich der Erde. Sie verbarg einige Antworten, die ich verzweifelt suchte.

Wie dokumentiert eine Künstlerin diese besondere Zeit?

Ich verbrachte die nächsten Tage in großer Verbundenheit mit Mutter Natur, während Johnny und ich die Smokies bereisten, wobei wir oft einfach nur die Energie in uns aufnahmen. Wir tuckerten von Highlands nach Franklin und dann zum Little Tennessee River. Vom Big Witch Tunnel in Cherokee aus fuhren wir über die Gebirgskämme, umgeben vom Geist der Natur. Dann ging es weiter: Black Mountain, North Carolina, Mittagspause in Little Switzerland, dann am Berg Grandfather vorbei nach Sugar Mountain und zu den Seven Devils, eine Pause auf dem Green Knob und dann durch Blowing Rock. Die Natur sprach eindringlich zu mir und ließ nicht locker. Das reichte von atemberaubender Schönheit und Ruhe bis zu einem peitschenden und wilden Gewittersturm – manchmal richten ihre Kreationen auch eine Verwüstung an. Doch sie zerstört niemals aus boshaftem Willen heraus – ganz im Gegensatz zu uns.

Als wir durch Wytheville, Virginia, fuhren, brachte die bevorstehende Fiddlers' Convention in Galax Erinnerungen an die Familientradition zurück. Als kleines Mädchen nahm man mich jedes Jahr dorthin mit. Ich saß mit Mary auf der Rückbank des alten burgunderfarbenen Mercury, mein Vater hinter dem Lenkrad und Onkel Woody auf dem Beifahrersitz, die Camel-Zigaretten auf die Ablage gelegt.

In den späten Sechzigern und frühen Siebzigern war es Tradition, sich die Fiddler anzuhören, die zu einem dem Bluegrass gewidmeten Festival pilgerten. Dort trafen wir auch auf Handleser und alle nur erdenklichen okkulten Praktiken, die laut Großmutter Amos der Tür zum Werk des Teufels glichen. Sie mochte die Musik auch nicht besonders, abgesehen von den christlichen Liedern. Mein Onkel Woody hingegen liebte und schätzte Country. Mit der Zigarette in der einen und einer Flasche Millers in der anderen, schlenderte er durch das Camp, wo sich die Fiddler aufwärmten. Ich trabte ihm nach, während er Lagerfeuer nach Lagerfeuer besuchte. Ich erinnere mich, wie er sagte: „Auf der Bühne hört man nicht den richtigen Stoff, und lass dir bloß nichts anderes erzählen, kleine Nichte. Da, bei dem Feuer da drüben! Siehst du, wie sie mit den Füßen aufstampfen und den Rhythmus mit den Fiddlern halten? Und siehst du das Mädel da vorn? Kam wahrscheinlich von irgendeinem Hillbilly-Tal zu uns runter – yep, schätze mal, sie ist eine der besten Flatfoot-Tänzerinnen, die du jemals gesehen hast und sehen wirst. Du verschwendest doch deine Zeit in dem Konservatorium, das schwöre ich dir. Du solltest hier sein, in diesen Bergen und Country-Musik lernen. Und ich gebe hiermit feierlich bekannt, dass du, wenn du auf deinen alten Onkel Woody hörst, eines Tages Minnie Pearl treffen und in der Grand Ole Opry spielen wirst. Los, geh schon und röste das Brot in der Pfanne, und merk dir eins: Meine Worte werden sich bewahrheiten."

Woodrow Amos, geboren am 30. Juni 1924, trat in die Armee ein und nahm seinen Dienst in der 3rd Infantry Division auf. Er diente in Nordafrika, nahm an der Invasion Italiens durch die Alliierten teil und befand sich in Anzio, wo er in der Nähe seines rechten Auges verwundet wurde. Er hätte es beinahe verloren. Dafür bekam er ein Purple Heart. Nach der Genesung in England versetzte man ihn nach Frankreich und dann nach Deutschland. Er war als Sanitäter medizinisch ausgebildet worden, und man nannte ihn „Little Doc". Aber da er kein studierter Arzt war, setzte man Woody nie in einem Feldhospital ein. Er erzählte oft Geschichten, dass man in einer Schlacht auf ihn schoss, während er einen verwunderten Infanteristen vor dem Verbluten bewahrte. Er machte eins deutlich: Der Krieg ist eine ganz eigene Hölle. Er konnte nicht sagen, wie viele Männer er verloren oder gerettet hatte, doch zu einer bestimmten Zeit in der Nacht – während seine Camel im Aschenbecher glimmte – stand er auf, salutierte und sang mit Inbrunst „Dogface Soldier" als Ballade, wobei die Tränen sein Gesicht hinabliefen.

Nachdem Woody aus dem Krieg zurückgekehrt war, wollte Großmutter Amos – eine Missionarin und Lehrerin –, dass er seine Bildungslaufbahn fortsetzt. Woody entschied sich jedoch für einen anderen Weg und trat der Armee im Februar 1946 erneut bei, und zwar dem Army Air Corps, stationiert in Denver und dann in Merced, Kalifornien. Er diente im Koreakrieg. Viel später ehrte man ihn mit einem Bronze Star für seine Verdienste, da er im Kampf verwundert worden war, während er andere versorgte. Den größten Teil seiner militärischen Laufbahn verbrachte er auf gefährlichen und heiklen Posten, wo es keine Ärzte gab. Wenn ich mich recht erinnere, diente er auch auf Radarstationen in Kanada, auf den Azoren und schließlich in Karamürsel in der Türkei. Während des Kalten Krieges unterhielten die Vereinigten Staaten dort eine Basis, nicht weit vom Schwarzen Meer entfernt, wo sie die Funkübertragungen von eventuellen Raketenstarts abfangen konnten.

Woody blieb nicht viel Zeit für die Religion, doch er war bereit gewesen, für sein Land zu sterben. Er erklärte mir, es gebe nichts Wichtigeres, als das Heimatland auf den ersten Platz zu setzen.

Der Same für das nächste Album wurde bei dieser Reise in den Süden gesät, doch es brauchte einige Monate, bis die Songs nach vorn traten. Die Stücke in Städten überall in den USA einzupflanzen, war ein Ratschlag, den mir die Musen im Herbst 2017 machten. Die Fragen, die gestellt werden sollten, drehten sich um die mächtigen Männer in Washington: Galt ihre Loyalität zuerst ihrem Land oder gab es unter ihnen jemanden, der einem anderen Land diente? Wurden sie von einem fremden Land so kompromittiert, dass sie die USA betrügen würden und alle, die ihre Existenz dem Überleben unser großartigen Nation opferten?

Bei der *Native Invader*-Tour waren wir in Kontinentaleuropa und dem Vereinigten Königreich aufgetreten, wonach wir uns den Weg durch die USA bahnten. Wir erkämpften uns wieder Worte und Konzepte, die man in Beschlag genommen hatte und die danach neu definiert wurden. Worte wie „Freiheit" und „Patriot" gehörten zu den Begriffen auf einer langen Liste, die diejenigen, die sich gegen die Demokratie stellten, in Besitz nehmen wollten.

Auf dem Weg nach Washington, für die D.C.-Show, erinnerte ich mich an die hymnenähnlich Version von „Dogface Soldier", gesungen von meinem Onkel Woody, einem wahren Patrioten, der zu mir herüberschaute – von seinem Platz auf dem Arlington Friedhof aus.

RUSSIA

For those on the Right
you need to build a bridge
For those on the Left
you must build a bridge
For those in Washington
there is only one question
Is Stalin on your shoulder
Stalin on your shoulder
as he was with his composers

Time to wake
Activate our Native Invader
Warriors of the Earth
it's getting late now
Time to face
those who take more and more
from our Great Mother
the Mother we call home
Is Stalin on your shoulder

BARONS OF SUBURBIA

Barons of suburbia
take another piece of my good graces
I'm in my war you're in yours
do we fight for peace
as they take another piece of us
But baby I would let your darkness invade me
you could maybe turn this white light into navy
before you leave
It was a slight miscalculation
that my friends
my friends would be waiting
on the other side of the bridge
on the other side of this
This mole hill of a mountain
This potion now a poison
They're on the other side of right
We're on the other side of her midnight

When it's all said and done
we will lose a piece to a carnivorous vegetarian
Barons of suburbia
I have heard you pray before you
devour her
So baby will you let my darkness invade you
you always liked your wafer sweet
in the middle
before you leave

It was a slight miscalculation
that our friends
our friends would be waiting
on the other side of the bridge

on the other side of this
This mole hill of a mountain
This potion now a poison
They're on the other side of right
We're on the other side
of her midnight
I am piecing a potion
To combat your poison
I am piecing a potion
To combat your poison
I am piecing a potion
To combat your poison
I am piecing a potion
To combat your poison
I am piecing a potion
To combat your poison
I am piecing a potion
To combat your poison
I am piecing a potion
To combat your poison
She is risen
She is risen
boys
I said
She is risen

„*BARONS OF SUBURBIA*" *WURDE AUS DER WUT* heraus geschrieben, gerichtet gegen korrupte Menschen in meinem Leben, die Machtpositionen innehatten. Es war sicherlich nicht das erste Mal, dass Zorn die Energie generierte, die einen Song als Antwort auf teuflisches Verhalten anstößt. Die Wut kann im schöpferischen Prozess gefährlich werden, da die Möglichkeit besteht, sich davon vereinnahmen zu lassen. Geschieht das, werde ich zu einem Gefäß der Verbitterung, erfüllt mit dieser Emotion. Es gibt auf meinem Song-Friedhof mehr als nur eins dieser Stücke.

Zielgerichtete Wut kann sich hingegen zu einem inneren Feuer umwandeln, das der Künstlerin die Durchhaltekraft für die notwendige Recherche gibt, um die Songs zu schreiben, sie aufzunehmen, sie mit dem Team abzumischen und danach auf Tour zu gehen.

Eine trotzige Aufladung mit der Leidenschaft für gedanklichen Fortschritt hat mir als Künstlerin schon früher gedient, und diese Energie zeigt sich auch aktuell, da wir mit der Entwicklung des neuen Albums beginnen, das vor der Präsidentschaftswahl 2020 erscheinen soll. Die Kreativität ist eine Kraft, die anscheinend weiß, wie sie ihre Autoren und Troubadoure motiviert. Die Warnung, die ich heute von den sich ausformenden Songs erhielt, lautete: „Niemand wird dich retten, und so musst du dich selbst retten. Keiner wird die Schlacht für dich schlagen. Du musst selbst für dich kämpfen. Auch andere werden für das Überleben der Demokratie kämpfen, aber da du nicht zu diesen Leuten gehörst und auch nicht ihre Fähigkeiten hast, musst du ihnen ihr Aufbegehren aus ihrer Perspektive überlassen und die Befreiung von der Tyrannei. Du kann nichts mit ihrem Knowhow schaffen und sie nichts mit deinem. Befreie dich von deinem „Ich suche nach einem Erretter"-Syndrom, und trage deinen Teil zum Ganzen bei. Auch andere werden gerufen, um ihre Kräfte dem Kampf für unsere Demokratie einzusetzen. Wir stehen an einer Angst einflößenden Weggabelung in der Geschichte unserer Nation, und darum müssen alle Künstler ermutigt werden, ihre einzigartigen Erfahrungen nutzbringend beizusteuern. Wir werden nicht nachgeben."

YO GEORGE

I salute to you Commander
and I sneeze
'Cause I have now an allergy
to your policies it seems

Where have we gone wrong America?
Mr. Lincoln we can't seem
to find you anywhere out of the millions
from the deserts to the mountains
over prairies
to the shores
Is this just the Madness of King George
Yo George
Is this just the Madness of King George
Yo George
Well, you have the whole Nation
on all fours

DIE KORRUPTION UND DIE PSYCHOLOGISCHE Kriegsführung mittels der neuen Songs zu erforschen stellt für mich eine Herausforderung dar, da ich mich dem Piano mit gladiatorengleicher Selbstbeherrschung nähere. Nein, es ist nicht das erste Mal, dass wir offensichtliche Korruption bei der Regierung erleben – und es wird sicherlich nicht das letzte Mal sein, dass ich darüber schreibe. Doch unter der Trump-Regierung finden sich einzigartige Verknüpfungen in der politischen Geschichte, die investigative Journalisten aufgedeckt haben – Verknüpfungen, die Unterdrücker und Tyrannen zu verstecken oder zu beseitigen versuchen.

Jeden Tag müssen Autoren mit dem Schwerpunkt Politik Todesdrohungen ertragen, während andere sogar dafür getötet wurden, dass sie uns enthüllten, was wirklich passiert bzw. wahr ist. Sie haben die Warnung ausgesprochen, dass jeder von uns zur Zielscheibe werden kann, und haben unsere Denkweise geändert. Einige von ihnen haben eine Zeit lang laut aufgeschrien, nun, da uns die Russen beeinflussen können, ohne dass wir etwas davon wissen.

Wir sehen uns nicht nur mit den orchestrierten Attacken von äußeren Feinden konfrontiert, die sorgfältig daran arbeiten, unser politisches System abzuschaffen, sondern wir müssen erkennen, dass es Feinde Amerikas gibt – einige von ihnen selbst Amerikaner –, die bereit sind, unsere Demokratie für Blutgeld zu zerstören.

Die Akribie der Autoren und Journalisten lieferte uns wertvolle Fakten. Kürzlich habe ich mir zwei knallharte Spezialistinnen für das Thema Autoritarismus angehört – Andrea Chalupa und Sarah Kendzior von Gaslit Nation, die fordern, dass wir uns vor den Lügen abschirmen, indem wir uns mit Wissen bewaffnen. Das können wir jetzt schon, ohne auf einen einschlägigen Bericht zu warten. *The Road to Unfreedom: Russia, Europe, America* von Timothy Snyder, Craig Ungers *House of Trump, House of Putin: The Untold Story of Donald Trump and the Russian Mafia* oder Michael Isikoffs und David Corns *Russian*

Roulette: The Inside Story of Putin's War on America and the Election of Donald Trump — all diese informativen Bücher entfachen den Funken des geschriebenen Wortes und bringen Künstler und ihre Instrumente zu Aktionen, sei es ein Bösendorfer, gefertigt aus dem Holz österreichischer Bäume, oder die „Frau aus Holz" eines Bassisten. (An einem bestimmten Punkt muss das Instrument einfach zur besseren Hälfte werden.) Und gerade jetzt, in dieser vorher noch nie so da gewesenen Krise, liegt die Herausforderung für einen Künstler darin, sein Instrument über alles andere zu stellen — Tag und Nacht und so lange man benötigt, um den dringenden Botschaften der Musen gerecht zu werden.

Doch zuerst muss ich gestehen, dass ich mich nach der Lektüre der Bücher erst einmal hinsetzen musste. Sie erklären in beängstigender Detailgenauigkeit, wie wir an diesen Punkt gelangten und warum wir uns in einer so polarisierenden, mit Worten angreifenden und die Worte verdrehenden Welt wiederfinden, wo Diktatoren oder solche, die Diktatoren werden wollen, den Kampf gewinnen. Doch ich sehe mein Entsetzen nicht als Widerspruch zur Musik. Ein Teil meines Schaffensprozesses als Künstlerin besteht darin, dass mich Ideen leidenschaftlich inspirieren, ich mich aber gleichzeitig völlig überwältigt von dem Gelernten fühle — doch genau in dem Moment versuche ich, mir vorzustellen, wie ich die Informationen und die mit dem Thema verbundenen Emotionen in Songs verwandle.

Fühle ich mich überwältigt, halte ich mich vertrauensvoll an folgende Strategie: Wie ein Strafverfolger, der dem Geld hinterherjagt, folge ich den Songs, denen ich mein Leben anvertrauen würde. Auch vertraue ich den Setlists von Konzerten in ihrer Funktion als Spiegel — meine Dokumentation der Stadt an dem bestimmten Tag —, die mir den historischen Kontext vermitteln und die die Vergangenheit nicht schönfärben können.

Im Unterschied zu Tourneen, die schon Monate vor dem Zeitpunkt konzipiert werden, am dem das Publikum die Musik hört, verändert sich meine Setlist täglich, um das anzusprechen, was gerade vor sich geht, was die Menschen in dieser oder jener Stadt beschäftigt.

Wenn Leute nicht zu einem „Meet and greet" kommen können, lassen sie mir Nachrichten zukommen und erläutern dabei wichtige Punkte, von denen ich eventuell noch nichts weiß. Durch diese Vorgehensweise sind die Shows so aktuell und relevant wie nur möglich. Das Ziel liegt darin, jeden Abend zu einem gemeinsamen Statement werden zu lassen. Das kann nicht einfach ausradiert werden, da die Setlist eine Zeitkapsel ist und mir alles über diesen Tag erzählt. Der Soundcheck beginnt nicht vor 16:30 Uhr, und so wird über das Programm nicht vor 19 Uhr entschieden, wenn das Konzert um 20:20 Uhr beginnt. Für mich ist es zwingend notwendig, dass ich die Story so gut erzähle, wie es nur möglich ist. Somit kennt man mich als eine Frau, die noch Veränderungen in Nähe des Monitor-Mischpults vornimmt, in dem Bereich, den ich Monitor-City nenne, also knapp neben der Bühne, wo die Crew Sekunden vor meinem Bühnenauftritt informiert wird. Jeder Song muss eine Rolle spielen und einem bestimmten Ziel folgen. Im Laufe der Jahre haben sich einige der Songs wieder und wieder dabei bewährt, meinen Standpunkt bei der abendlichen Show deutlich zu machen.

TAXI RIDE

Lily is dancing on the table
we've all been pushed too far
I guess on days like this
you know who your friends are
just another dead fag to you that's all
just another light missing
on a long taxi ride

and I'm down to your last cigarette
and this „we are one" crap
as you're invading
this thing you call Love
she smiles way too much but
I'm glad you're on my side sure
I'm glad you're on my side still

you think you deserve a trust fund
just because you want one
sure you talk the talk when you need to
I fear the whole world is starting to
believe you

just another dead fag to you that's all
just another light missing
in a long taxi line
and I'm down to your last cigarette
and this „we are one" crap
as you're invading
this thing you call Love
she smiles way too much but
I'm glad you're on my side
I'm glad you're on my side still

Lily is dancing on the table
we have all been pushed too far today
even a glamorous Bitch can be in need
this is where you know
the honey from the killer bees
I'm glad you're on my side sure
I'm glad you're on my side still
got a long taxi ride ahead
got a long taxi ride
from St. Pete's
to Moscow
then back to Washington

15. JUNI 2014, MOSKAU.
Ich war mir bewusst, dass unser Protest-Narrativ in der Crocus Arena fest verankert werden musste — einen Abend, bevor Wladimir Putin dieselbe Bühne betreten würde.

Das Programm sollte all das reflektieren, was ich von den Menschen in Russland im Laufe der Jahre bei Gesprächen oder durch Briefe erfahren habe. Mich erstaunt es immer wieder, wie einige mit der Propaganda und den täglichen Lügen umgehen. Die psychologische Kriegsführung ist ein konstanter Angriff, dem sie widerstehen müssen, um nicht völlig demoralisiert zu werden — oder schlimmer noch, zu Konvertiten oder nichtsahnenden Boten der Aggressoren, die denen, die ihnen vertrauen, die Lügen weitergeben.

Das wurde mir von den Menschen, die eine entsprechende Lebenserfahrung haben, direkt in meine Seele übermittelt. Du kannst entweder gegen die Desinformation des Kremls kämpfen oder zu seinem langen Arm werden, dich sogar vor dir selbst dafür entschuldigen, dass du „Feinde" unter deinen Kollegen, in der Familie und unter Freunden aufspürst. Wir Menschen aus dem Westen, wann werden wir das verstehen? Putin will eine Variante der ehemaligen brutalen Sowjetunion wiederbeleben. Mit einer weltweit tätigen Horde von Oligarchen, denen zahlreiche Präsidenten dienen — und auch amerikanische Senatoren und Richter, um nur einige zu nennen —, versucht sich Putin, zum Führer einer neuen Weltordnung aufzuschwingen. Er glaubt nicht nur, dass Amerika und die Demokratie zerstört, sondern dass sie von innen heraus komplett ausgelöscht werden müssen. Er glaubt, dass die meisten durch das kompromittiert werden, was wir nicht sehen — unseren eigenen „toten Winkel".

Gute Menschen können gefügig gemacht werden. Wir alle sind Köder. Nein, nicht alle lassen sich mit Geld kaufen, doch jeder möchte etwas, auch wenn es nur darin besteht, einem geliebten Menschen zu helfen. (Wenn wir uns eine ernste und wichtige Frage stellen — „Durch was kann ich kompromittiert werden?" – so *ist* diese Frage der lohnenswerte Beginn einer Diskussion mit uns selbst und anderen. Jesus, das könnte tatsächlich ein Thema sein, dass das neue Album prägt.)

Über die Jahre haben mir Russen anvertraut, wie sie sich gegen die dunkle Kunst der Kriegsführung durch Information zur Wehr setzten und besonders eines ihrer tödlichsten Symptome – Demotivierung. Die Menschen in Russland verteidigen sich und rüsten sich sprichwörtlich mit Kunst. Die von ihnen gesammelte Kunst wird Teil ihres Arsenals. Es mag eine Passage in einem Roman sein, an die sie denken, nachdem sie sie verinnerlicht haben. Es kann auch ein Muster in einem Gemälde sein, das ihnen eine neue Vision ermöglicht. Vielleicht hat ein Dichter Worte zurückerobert, die von denen „infiziert" wurden, die Sprache als Waffe einsetzen, und sein Gedicht hat diese Wörter wieder zurückverwandelt, sicher und für immer in das Arsenal des Zuhörers gelegt. Es mag auch ein Schnipsel Musik sein, der ein Gefühl wieder zum Leben erweckt, das der Hörer für abgetötet hielt. Jede der künstlerischen Disziplinen bietet Schutz und ermöglicht eine Art des Wiederauferstehens. Doch der Schlüssel für die Menschen bestand darin, dass sie das alles verstanden und mit jeder Faser ihres Ichs glaubten. Das war es, was ihre Herzen und ihr Bewusstsein vor der Vereinnahmung durch die Tyrannen bewahrte.

An jenem Abend in Moskau musste die Setlist auch die Perspektive der Menschen aus der Ukraine verdeutlichen, die nach Russland gereist waren, um mich über den Kampf zu unterrichten, den sie für die Zukunft ihres Landes führten.

Am 13. Juni wurde bekannt gegeben, dass wir nicht in Kiew auftreten würden: Das Konzert war vom Veranstalter abgesagt worden.

Nur wenige Monate zuvor, am 24. Februar 2014, hatte Russland die Ukraine überfallen.

Seit November 2013 hatten die Ukrainer, die sich einen engeren Anschluss an Europa wünschten, gegen Präsident Viktor Janukowitschs Pro-Moskau-Politik demonstriert. Er hatte sich geweigert, eine Vereinbarung über die politische Zusammenarbeit und ein Handelsabkommen mit der EU zu unterzeichnen. Stattdessen akzeptierte er ein Abkommen mit Putin, das die Ukraine näher an das von Moskau dominierte Eurasien rückte als an Europa. Die Ukrainer gingen auf die Straße und nannten diese Aktion den Janukowitsch-Verrat, was die Proteste des Euromaidan und die ukrainische Revolution nach sich zog. In Kiew setzten sich die Demonstrationen gegen die Regierung fort, wie auch die Gewalt gegen die Protestierenden.

Der 20. Februar 2014 war der schlimmste Tag der Auseinandersetzungen, an dem viele Dutzend Menschen durch Scharfschützenbeschuss ums Leben kamen.

Das Moskauer Gespräch mit den Fans am 15. Juni wurde für mich hochemotional. Wir waren am Abend davor in St. Petersburg aufgetreten, und ich hatte die vielen dort erhaltenen Briefe gelesen. Mein Ziel lag darin, besser informiert zu sein, und so stellte ich in Moskau für mich nützliche und wichtige Fragen. Doch dann geschah etwas Magisches, etwas, das ich nur recht selten im Laufe der Jahre erlebte. Das Publikum stellte selbst die von mir beabsichtigten Fragen und „erleuchtete" mich gleichzeitig mit den Antworten.

Ich habe herausgefunden, dass es nichts Bedeutenderes gibt, als den selbst gemachten Erfahrungen anderer Gehör zu schenken. Wie sie die Welt sehen, und warum sie die Welt auf diese Art und Weise sehen. Meist bringen sie mich auf einen Artikel oder ein Buch oder eine Doku, die das Thema ausführlich darstellt. Sich zu diesem geschichtlichen Zeitpunkt in Russland aufzuhalten, war für mich ein Wendepunkt als Mensch und als Künstlerin. Ein Jahr zuvor, im Juni 2013, hatte Putin ein Gesetz gegen die sogenannte „Gay-Propaganda" unterzeichnet, das die „Förderung von nichttraditionellen sexuellen Beziehungen unter Minderjährigen" untersagt. Die Konsequenz dieser drakonischen Maßnahme bestand darin, dass die LGBTQ-Jugend Russlands kaum mehr einen Zugang zu gesundheitsunterstützenden und aufklärenden Beratungszentren hatte, was die Themen Geschlecht und Sexualität anbelangte. Von nun an verstieß es gegen das Gesetz, LGBTQ-Teenagern zu erklären, sie seien normal, und sie mit zuverlässigen Informationen über Geschlechtsdentität und sexuelle Orientierung auszustatten.

LGBTQ-Jugendliche konnten nicht mehr zu Webseiten geleitet werden, auf denen sie Verständnis für ihre Situation fanden. Das landesweite Verbot erstreckte sich auf das Radio und Fernsehen, die Presse und das Internet. Die Verfolgung der LGBTQ-Community war und ist noch immer − real und erschreckend.

Meine Setlist in Moskau sollte laut und deutlich sprechen. Es gab einige Nachfragen, und irgendjemand brachte mir den Text der lesbischen Hymne „Not Gonna Get Us" von t.A.T.u. mit.

Präsident Putin sollte am nächsten Tag eine Rede in der Crocus Arena halten. Doch in dieser Nacht gehört die Bühne nicht ihm. Die Songs, das Piano, die Musen und ich würden den Menschen dienen, die in einigen Fällen sehr viel riskiert hatten, um zu dem Konzert in Moskau zu gelangen.

Die Setlist sollte wie folgt aussehen:

TEIL EINS
Parasol
Caught A Lite Sneeze
Tori Says Hello
Crucify
Bells For Her
Icicle
Purple People
Carbon
Weatherman
Lizard Lounge
Not Gonna Get Us
Love Song

TEIL ZWEI
Taxi Ride
Cooling
A Sorta Fairytale
Forest Of Glass

Blood Roses
Take To The Sky

ZUGABE
Cornflake Girl
In Your Room
Northern Lad
Hey Jupiter

Die Energie kam bei den Besuchern an. Sie kommunizierten von Bewusstsein zu Bewusstsein, von Herz zu Herz. Der Song „Carbon" wurde durch „Leather" ersetzt, da Letzterer sich vordrängelte und das Piano übernahm, und wenn Songs das tun, folge ich ihrem Beispiel.

Der Übergang von „Not Gonna Get Us" zu „Love Song" und dann zu „Taxi Ride" war ein Aufruf zum Handeln und gleichzeitig ein musikalisches Triptychon.

Doch kurz danach ging am Bühnenrand, wo Marcel van Limbeek vor dem Monitormischpult saß, etwas Merkwürdiges vor sich. Ich bemerkte dort einen Aufruhr.

Als ich mein Piano vor der Zugabe verließ, drängten sich mehr als zwölf sehr große und einschüchternde Männer in Anzügen in den Bühnenbereich.

Später durchsuchten sie noch alle Räume im Backstage-Bereich, sich versichernd, dass alles für den nächsten Tag sicher war. Das hätte man natürlich auch machen können, nachdem ich die Arena verlassen hatte.

Aber das war okay, denn während sie meine Garderobe durchschnüffelten, rettete ich die wertvollen Briefe der Leute aus Russland und der Ukraine, die sich in meiner Handtasche befanden und die ich später mitnahm.

Doch zuerst beendete ich die Protest-Show für die Menschen, die gekommen waren. Die angsteinflößende Security konnte uns nicht aus der Bahn werfen. Ich hatte die Crocus Arena nicht aufgegeben. Jetzt noch nicht.

Während sich die Menge zum Bühnenrand vordrängte – mit Herz und Seele voll und ganz dabei und auch mit den wunderschönsten Blumen als Geschenk –, flüsterte ich Mindi Pelletier, meiner tapferen lesbischen Tourmanagerin, zu, Andy Yates in seiner Monitor-City anzuweisen, dass er über Funk der Crew eine weitere Änderung ankündigen solle – und dann kam „Anastasia".

〜 〜 〜

Nach dem Konzert in Moskau flogen wir in die Türkei. Das Gepäck wurde eingesammelt und in die Transporter geladen, während wir uns in die SUVs setzten und den Bosporus auf dem Weg ins Hotel in Istanbul, wo wir nach den Russland-Gigs wohnten, kurz in die Arme schlossen. Die Briefe aus Russland und der Ukraine steckten sicher verstaut in meinen Taschen. Da die Show in Kiew abgesagt worden war, hatte sich die Crew kurzfristig nach Bulgarien begeben, um dort auf den nächsten Auftritt zu warten, was in der Crew-Sprache *Einen irischen Pub finden* bedeutete. Eins ist für die Teams sicher: „Man findet immer irgendwo einen irischen Pub, wo man willkommen geheißen wird, Geschichten austauschen und einige Pints genießen kann."

Der Mindinator (Mindi) wies mich und Barry Lee Moe (Haare und Make-up während der Tour – und meine schwule Vertrauensperson) in aller Deutlichkeit darauf hin, dass wir nicht durch Istanbul laufen dürften im Glauben, man könne sich hier wie in Paris verhalten.

Und nun hatte ich ein Problem: Vor gar nicht so vielen Jahren war ich eben gerade mit meinen neuen türkischen Freundinnen, die alte Teppiche zu günstigen Preisen suchten, durch Istanbul gezogen, als sei es Paris. Ich erinnerte mich an die Stadt am Bosporus als einer weiteren Variante der verblüffenden angesagten Kulturstädte in Europa. Danach aßen wir am Bosporus noch das wohl beste Mezze Platter und tranken Tee zu uns, wobei sie über ihre Ambitionen und Ziele als unabhängige Frauen sprachen. Ich fand ihre Ideen unwiderstehlich Eine aufblühende demokratische Energie schien die ganze Stadt zu durchströmen.

Unter der Herrschaft des Premierministers und baldigen Präsidenten Erdogan war das nun alles verschwunden. Die Freiheit kann dir genommen werden, bevor dir überhaupt klar wird, dass sie verschwindet. In meinem Hotel – auf eine bestimmte Art eingesperrt – reiste ich in meinen Erinnerungen zurück. Ich schaute mich am Pool um und entdeckte überwiegend Touristinnen, die ihren Lunch bei den Kellern bestellten.

2005 hatte ich hier noch unbeschwert alle möglichen geschäftlichen Angelegenheiten geregelt, begleitet von erstaunlichen Frauen, die eine progressive türkische Haltung vertraten. Diese Frauen arbeiteten in der Unterhaltungsindustrie, bei einem Veranstalter oder einem Plattenlabel. Sie sprachen frei heraus über kulturelle Themen, über ihre persönlichen und beruflichen Beiträge als Frauen für die Gesellschaft, und es gab überhaupt keine Angst dabei. Die Türkei modernisierte sich und streifte die Ketten eines drakonischen autoritären Regimes ab.

Das Konzert, das ich 2005 spielte, reflektierte das, was mich die stylischen und innovativen Menschen aus der Türkei lehrten. Und das beinhaltete auch den Besuch der Blauen Moschee, der Süleymaniye-Moschee und der Hagia Sophia, die im Jahr 537 errichtet worden war.

Die damalige Setlist sollte meine neugefundene Leidenschaft für diese Stadt widerspiegeln, die Europa mit Asien verband. Es war für mich ein magischer Abend, da ich draußen unter einem Sternenhimmel auftrat.

Als ich mich 2014 an den Pool setzte, überkam mich die Erinnerung an das Ende des aktuellen Gigs wie ein grell aufloderndes Notfallsignal. Manchmal geschieht etwas während einer Show, und ich mache tapfer weiter, obwohl ich nicht verstehe, was in dem Augenblick vor sich geht. Würde ich mir allzu große Sorgen machen, könnte ich niemals einen Auftritt beenden oder überhaupt erst auf die Bühne gehen. Durch diese Einstellung bewältige ich das alles schon seit 40 Jahren. Das Krisenmanagement auf einen anderen Zeitpunkt zu verschieben ist mein Ansatz, um die befremdlichen, schrägen und manchmal auch angsteinflößenden Geschehnisse zu überstehen, die auf einer Tour passieren können.

Doch als ich mich in die Sonne setzte — am Pool des türkischen Viersterne-Hotels —, lief der letzte Teil der Show in Istanbul in Zeitlupe vor meinem geistigen Auge ab. Während des Songs „The Beekeeper" strecke ich meine Hand zur Orgel aus und wurde plötzlich zum Bösendorfer zurückgeschleudert. Ich hatte zuvor noch nie einen Stromschlag erlebt. Als Marcel rausrannte, um nach mir zu sehen, wusste ich im ersten Moment gar nicht, was los war.

Alles hörte auf und alles lief weiter — in nur einem einzigen Moment. Ich empfand das als Warnung — aber eine Warnung wovor? Einige Events tendieren — vielleicht erst viele Jahre später — zur Enthüllung einer möglichen Poesie scheinbar nicht in Beziehung stehender Ereignisse. Eine eventuell wertvolle Erfahrung, eingefangen auf einem Polaroid, dann in eine Zeitmaschine gelegt, um die tieferen Schichten später mit Hilfe der historischen Lupe zu entdecken.

Stunden nach dem Outdoor-Konzert am 22. Juni dachte ich über die je grundverschiedene Atmosphäre bei den beiden Istanbul-Gigs von 2005 und 2014 nach.

Ein Mitarbeiter des Konzerts 2014 hatte mir viel über die realen Bedrohungen anvertraut, denen er sich als schwuler Mann ausgesetzt sah, und diese Bedrohungen verschlimmerten sich im Laufe des Jahres. Den psychologischen Preis, den er für sein Anderssein bezahlen musste, brachte ihn dazu, sich aus Selbstschutz zu verstellen, um nichts ins Visier genommen zu werden. Er sprach über die vielen ähnlich fühlenden Menschen in der Türkei, die notwendigerweise ein Doppelleben führen mussten, um ihre Jobs nicht zu verlieren. Er erklärte mir die große Bedeutung dessen, dass sich die Unterstützer der LGBTQ-Rechte für „Istanbul's Pride" zusammenschließen müssten, um für Gleichbehandlung einzustehen. Es sollte die größte LGBTQ-Feier in der muslimischen Welt werden. Sie konnten es damals noch nicht wissen, doch einige friedliche Aktivisten und Unterstützer der Pride 2014 trafen auf Gummigeschosse und Tränengas. Ein sich von deiner eigenen Heimat unterscheidendes

Land zu sehen, das von autoritären Menschen übernommen wird, angeführt von einem Tyrannen oder Mafiaboss (egal, wie man es nun nennen mag) – das war eine emotional aufreibende Sache.

Die Briefe aus Russland und der Ukraine, die ich in jenen Tagen in der Türkei las, waren eine Warnung vor einer globalen ökonomischen Aristokratie, die sich auf dem Vormarsch befand. Den Menschen in Russland war sehr wenig übrig geblieben, während einige Männer extrem reich wurden. Die Briefe erklärten zudem, dass die Menschen generell sehr vorsichtig sein müssten bei dem, was sie sagten.

Tausende Russen hatten gegen den Machtmissbrauch protestiert, doch viele von ihnen wurden umgebracht oder ins Gefängnis geworfen. Einige wurden mit anderen Mitteln bedroht. Einige sagen, so etwas hätte niemals in den USA geschehen können. Oligarchen …

Aber ich hatte ja schon in den später Siebzigern/frühen Achtzigern Klavier in der Nähe des K-Street-Korridors gespielt und damit für Untermalung des Sündenpfuhls der Konservativen gesorgt. Ja, ich befand mich mitten unter ihnen, die Hände auf die Tasten gelegt und die Ohren gespitzt. Sie dachten, ein Mädchen im Teenageralter sei nur so ein Ding, das ihren Bedürfnissen diene und ihre musikalischen Wünsche erfülle. Die Wahrheit ist: Als ich da saß und das spielte, was sie von mir verlangten, hörte ich ihnen so konzentriert wie möglich zu und prägte mir jedes Wort ein.

YES, ANASTASIA

I know what you want
the magpies have come
if you know me so well
then tell me which hand I use
make them go
make them go

Saw her there in a restaurant
Poppy don't go
I know your mother's a good one
but Poppy don't go
I'll take you home
Show me the things I been missin'
show me the ways I forgot to be speaking
show me the ways to get back to
the garden
show me the ways to get around the get around
show me the ways to —
button up
buttons that have forgotten they're buttons
well we can't have that forgetting that
girls
girls
what have we done
what have we done to ourselves
driving on the vine
over clotheslines „but officer I saw the sign"
thought I'd been through this in 1919
counting the tears of ten thousand men
and gathered them all but my feet are slipping
there's something we left on the windowsill
there's something we left yes

we'll see how brave you are
we'll see how fast you'll be running
we'll see how brave you are
yes, Anastasia
and all your dollies have friends

thought she deserved no less than she'd give
well happy birthday her blood's on my hands
it's kind of a shame 'cause I did like that dress
it's funny the things that you find in the rain
the things that you find
in the mall and in the date-mines
in the knot still in her hair
on the bus I'm on my way down
on my way down
all the girls seem to be there
we'll see how brave you are
we'll see how fast you'll be running
you'll see how brave you are
yes, Anastasia
come along now little darlin'
come along now with me
come along now little darlin'
we'll see how brave you are

MEMORIAL DAY, 2019

Ich sah weniger „Make America Great Again"-Schirmmützen als gedacht und hatte eigentlich mehr erwartet.

Auch Tash fiel das auf, während wir unsere Klappstühle auf dem Gehweg aufstellten, in Stuart, Florida, um uns die Parade zum Memorial Day anzuschauen, an der Kriegsveteranen teilnahmen und sie unterstützende Gruppen.

Der Flötist packt mich jedes Mal, doch Tash fokussierte stattdessen die vorbeiziehenden Vietnam-Veteranen, einige auf Bikes. In England, wo Tash die Schule besucht, sieht man so einen Marsch nicht, noch redet man darüber. Das Verständnis dieses Krieges und der damit verbundenen Kultur stammt meist aus Filmen oder Dokus und natürlich aus der Musik.

Ich erinnere mich gut an die Musik. Ich werde niemals müde, die komplexen Energien zu hören oder zu fühlen, die in den beeindruckenden Stücken enthalten waren. Das Spektrum ihrer Verfasser reichen von den Träumern, die eine weniger gewalttätige Welt evozieren, über die Songwriter, die eine direkte und harte Konfrontation suchen, bis hin zu den Poeten, die uns nicht wegsehen lassen.

Die soziale Revolution der Sixties wurde durch die Musik mit Energie aufgeladen – von Songs, die das tyrannische Denken zerstörten und Menschen aus den sogenannten basispolitischen Grass-Roots-Bewegungen in kleinen Städtchen und größeren Städten zu den Treppen des Capitols führten, wo sie ihre Stimmen erhoben, in Hörweite des Weißen Hauses. Songs wurden geschrieben, um den Planeten aufzurütteln und durchzuschütteln, zu erwecken und die Prophezeiung zu erfüllen: „A Hard Rain's A-Gonna Fall" und „A Change Is Gonna Come". Und ja, das geschah auch, doch viele mussten während dieses Prozesses ihr Leben lassen.

Die Vietnam-Vets zogen an uns vorüber, mit Stirnbändern und Lederwesten, auf deren Rückseiten schreiende Adler gestickt waren. Sie fuhren auf ihren Bikes zu einer Versammlung von Veteranen und ihrer Familien, die gemeinsam an einem Gottesdienst im Freien teilnahmen.

Dort stießen wir auf Ed, meinen Vater und Tashs Großvater, der ein Barett aus dem Zweiten Weltkrieg trug. Ed hatte noch nie einen Gottesdienst am Memorial Day verpasst und besuchte meist den Arlington-Friedhof, wo sein Bruder Woodrow begraben lag. Er hatte meiner Schwester Marie am Abend vorher erklärt, nicht in der Lage zu sein, an der Trauerfeier teilzunehmen. Es waren erst zwei Wochen seit dem Tod meiner Mutter Mary vergangen.

Doch die Damen, die sich um ihn und Mary gekümmert hatten, sorgten sich und dachten, dass er aus dem Haus gehen solle. Und da sah ich ihn, auf seinem Stuhl sitzend und auf den Beginn der Zeremonie wartend.

Plötzlich wurde mir klar, dass Menschen mit ganz unterschied-lichen Ansichten − seien sie religiöser, spiritueller oder politischer Natur − alle zutiefst von den Männern ergriffen waren, die unserem Land gedient hatten bzw. aktuell die Uniform trugen. Bei diesen Feierlichkeiten anwesend zu sein, stellte für mich ein dringendes Bedürfnis dar. Ja, es war sehr heiß unter der Sonne Floridas, doch keiner schien zum Verlassen der Zeremonie bereit, bis nicht der letzte Kranz niedergelegt worden war.

Es gab einige Reden, doch speziell die Worte einer Frau werden mir nie mehr aus dem Kopf gehen. Sie hinterließen bei allen in der knalligen Sonne Sitzenden einen bleibenden Eindruck.

Sie war dort, um ihren Bruder zu ehren. Er hatte einige Jahre gedient, bis er in Afghanistan getötet wurde. Sie sprach über die Auswirkungen auf seine Familie − er hinterließ Kinder − und über das Leid, das die ganze Familie durchmachen mussten, da sie ihn so sehr liebte.

Sie erinnerte uns daran, dass die Freiheit nicht kostenlos zu haben sei und dass ihre Familie „am [Todes]tag die Rechnung bezahlen musste". Sie verstanden das also in allen Auswirkungen.

Nach dem Gottesdienst bemerkte jemand, dass bald schon der 75. Jahrestag des D-Day sein werde, der Landung der Alliierten in der Normandie 1944.

Zuhause angelangt, unterhielten wir uns über die Familienmitglieder, die ihrem Land gedient hatten, und erzählten einige Geschichten, die im Laufe der Zeit weitergegeben wurden. Das Bedürfnis, sich bestimmte Storys in bestimmten Zeiten zu erzählen, wurzelt darin, dass sie uns die Flucht in eine alternative Welt ermöglichen, die uns für einen kurzen Augenblick die Realität unser eigenen Geschichten vergessen lässt, die in dem Moment einfach zu schmerzhaft sind. Die Realität von Marys Tod war für jeden im Raum bedrängend und überwältigend: für meine Schwester Marie, Tash, die ihre beiden Großmütter innerhalb von fünf Monaten verloren hatte, für mich, die eine versteinerte Maske aufsetzen musste, um die letzten beiden Wochen zu überstehen, und für Dad, der Anzeichen des Broken-Heart-Syndroms zeigte.

Doch auch er erlaubte sich eine Reise zurück in die Zeit, mit Geschichten und Liedern. Ihn faszinierten die Lebensläufe und Storys derjenigen, die den Ersten und den Zweiten Weltkrieg durchstehen mussten.

NOT THE RED BARON

Not the Red Baron
not Charlie Brown
think I got the message figured
another pilot down
and are there devils with halos
in beautiful capes
taking them into the flames
taking them
into the flames
not Judy G.
not Jean
Jean with a hallowed heart
I see that screen go
down in the flames
with every step with every beautiful heel
pointed

not the Red Baron I'm sure
not Charlie's wonderful dog
not anyone I really know
just another pilot down
maybe I'll just sing him a last
little sound
many there know some girls with
red ribbons
the prettiest
red
ribbons

IN LONDON STIEGEN DIE CREW UND ICH Ende Juli 2008 in den Eurostar, der uns ins französische Lille befördern sollte. Wir beabsichtigten ein Konzert in der Stadt Dranouter (früher Dranoutre) in Flandern zu geben, wo im Ersten Weltkrieg so viele Menschen ihr Leben lassen mussten. Allein in jenem Krieg starben zehn Millionen Soldaten und sieben Millionen Zivilisten. Somit ist der Soldatenfriedhof Dranoutre ein Ort des tiefsten Gedenkens.

Das Verständnis für die Geschichte eines Ortes kann mein Spiel determinieren. Einige Auftrittsorte verlangen von mir eine Recherche, um die Geschichten zu finden, die immer von ihnen ausstrahlen werden. Doch so nahe an einem Soldatenfriedhof aufzutreten, stellte eine mir unbekannte Erfahrung dar, und so musste ich improvisieren. Das begann mit Fragen über diesen Krieg – und dem intensiven Zuhören. Ja, manchmal stammen die Geschichten, die ein Stück oder eine Show motivieren, von Fremden. Doch es gibt auch Zeiten, wenn sich die Storys ganz in der Nähe befinden, ein Teil des spirituellen Seins der Menschen in deinem Leben sind. Du erkennst sie erst dann, wenn es ein einschneidender Moment von dir verlangt. Als wir von St. Pancras aus losfuhren, erinnerten sich auch mein Mann Mark und mein Manager Johnny.

George Mann, Marks Großvater, war noch keine 17 Jahre alt, als er 1914 der britischen Armee beitrat. Er diente bei den Northumberland Fusiliers. Schon früh im Krieg wurden Private G. Mann 55390 und andere durch eine Landminenexplosion verletzt, was bei ihm vollkommene Taubheit auf einem Ohr nach sich zog. Mark glaubt, dass nur sein Großvater und der kommandierende Offizier die Explosion überlebten. George wurde danach von den Deutschen einige Zeit als Kriegsgefangener interniert.

Als der Zweite Weltkrieg ausbrach, hatte er bereits über 20 Jahre als Fischer gearbeitet. Wegen der Taubheit und seines Alters zählte er sicherlich nicht zur ersten Wahl der Navy. Doch Ende Mai 1940 hatten die Nazis mithilfe ihrer Panzerverbände die belgischen und französischen Truppen sowie einen Großteil des britischen Expeditionskorps in eine Falle gelockt und eingekesselt. Winston Churchill war überzeugt, dass „das Fundament, der Kern und das Gehirn der britischen Armee" an den Stränden Frankreichs entweder gefangen oder getötet würden. Aufgrund einer so verlustreichen Niederlage wäre Großbritannien im Falle einer deutschen Invasion beinahe schutzlos gewesen. Und so machte sich George mit seinem Fischerboot auf den Weg über den Kanal, und mit ihm über 800 andere Fischerboote, Handelsschiffe und kleinere Vergnügungsdampfer, um die Tausenden an den Stränden von Dünkirchen und weiteren Stränden in Frankreich festsitzenden Soldaten aufzulesen. Während der Operationen Dynamo und Ariel wurden sie zurück in Sicherheit gebracht.

Bevor er nach fast dreiwöchiger Abwesenheit wieder nach Hause zurückkehrte – er hatte seiner Frau Rosa nichts davon erzählt, dass er zusammen mit einer großen Flotte in See stechen wollte, um Soldaten von den Stränden Kontinentaleuropas zu evakuieren –, trat er kurzfristig der britischen Marine bei, um beim Küstenkommando als Minenräumer zu dienen. Er *musste* ja etwas über Minen!

Johnny wiederum hatte fünf Großonkel, die alle aus Liverpool stammten und im Ersten Weltkrieg an der Westfront kämpften. Tom, einer der Brüder, war 1910 nach Australien ausgewandert. 1916 trat er der Australian Imperial Force bei und wurde der 1st Australian Tunneling Company zugeteilt, die in der Flandernschlacht beim Kampf um Höhe 60 eingesetzt wurde. Auf dem dortigen Schlachtfeld standen dann zwei der vier Brüder (alle beim King's Battalion, Liverpool) zufällig ihrem lang verschollenen geglaubten Bruder aus Australien von Angesicht zu Angesicht gegenüber, der wie viele Soldaten des gesamten Commonwealth in Europa kämpfte.

Alle fünf Brüder überlebten den Krieg, obwohl sie entweder verwundet wurden oder unter den Auswirkungen des Gases der Gelbkreuzgranaten litten, auch bekannt als Senfgas.

Michael, einer der Brüder, hatte sich schwere Verletzungen durch das Gas zugezogen und starb einige Jahre später im Alter von 52

Jahren. Tom wurde 1917 in seiner Erdhöhle beim Hooge Crater in Belgien verwundet, doch nach Kriegsende kehrte er wieder nach Sydney zurück. Ihr ältester Bruder Joseph war schwer verletzt worden und verstarb 1936, also knapp 20 Jahre, nachdem sich die Brüder bei Höhe 60 wiederbegegnet waren.

1914 dachten einige, es würde ein kurzer Krieg werden. Kaiser Wilhelm II. versicherte seinen Truppen, dass sie „wieder zuhause [sind], ehe noch die ersten Blätter fallen". Stattdessen fand dann der „Wettlauf zum Meer" statt, *La course à la mer*, um die nördliche Flanke der gegnerischen Armee abzuscheiden. Beide Seiten gruben sich entlang einer Linie ein und versuchten durch einen Zermürbungskrieg, den jeweils anderen physisch und psychisch niederzuringen – bis zum Punkt des totalen Zusammenbruchs.

So viele Verluste. So viele Opfer. Als ich auf dem Militärfriedhof stand, sang ich den Geistern der Gefallenen „1000 Oceans". Ich plante, das Stück auch am Abend darzubieten, doch wusste nicht, ob ich meine eigene emotionale Stellung verteidigen konnte …

Die in der Ödnis des Krieges von einem kanadischen Soldaten geschriebenen Worte erleuchteten mich wie eine poetische Taschenlampe und führten mich zum Piano … und die Mohnblumen wachsen immer noch in Flandern.

MARY'S RAVEN

no haunting whip-poor-will
gone is the meadowlark
calling to Mary's Raven
near and far
no robin's evening song
no pipers on that sand
will Mary's Raven guide me
through this nightland

BEVOR DIE FARMER SCHON WIEDER AUFSTEHEN und eine Stunde oder so, nachdem sich jeder erschöpfte Feiernde dem Sandmann ergeben hat, herrscht Stille – eine Entlastung vom Lärm der Außenwelt. Keine Autos auf der Straße, keine Speed-Boote auf dem Fluss, keine Traktoren, die im Licht der aufgehenden Sonne Heu machen – und so sitze ich hier und versuche verzweifelt, eine Botschaft aus dem Universum zu hören.

Meine Mutter Mary starb am 11. Mai 2019, zwei Tage nach meiner geliebten Freundin Nancy – die ich Beenie nenne – und einen Tag vor Muttertag. Zwei Frauen, die mich viel lehrten, zwei Menschen, die viele meiner Songs inspirierten – gegangen, innerhalb von nur zwei Tagen.

Mitleidsbekundungen sind im Moment nicht gut für mich. Ich kann es kaum glauben, dass ich selbst gegenüber anderen so einen sinnlosen Mist äußerte, wie ein Papagei das nachplappert, was einige Trauernden raten, die sich mit dem Tod auseinandersetzen müssen. „Mit der Zeit wird alles besser." Wem fällt denn so ein Zeug ein?

Im vorhergehenden Winter schrieb mir eine Frau einen Brief über die Trauer. Er war mehrere Seiten lang, und als sie ihn mir überreichte, sagte sie: „Lies ihn, oder auch nicht. Ich musste das, um all meine Gedanken auszudrücken, zu Papier bringen." Ihre Mutter war gestorben, und was das bei ihr auslöste, wurde auf den Seiten nur allzu deutlich. Die emotionale Aufruhr, ihre Gefühle – der Brief packte mich, und ich empfand Mitgefühl für sie.

Doch nun verstehe ich, dass ich überhaupt keine Vorstellung von dem hatte, was sie ausdrückte. Aus der Rückschau betrachtet, erscheint mir meine Antwort – obwohl sie herzlich und empathisch war – als ahnungslos.

Natürlich waren schon vor dem Mai 2019 Menschen gestorben, die mir sehr am Herzen lagen. Ein Todesfall wirkt sich bei uns allen unterschiedlich aus. Von außen betrachtet, mag es so aussehen, als würde sich ein Trauender isolieren, sich von einer Gruppe Trauender abkapseln, die sich vereinen, um den Verlust gemeinsam zu verarbeiten. Songs sind für mich manchmal der einzige Weg, um das Geschehen emotional zu verstehen, nicht nur, was mich anbelangt, sondern auch andere. Songs sind der einzige Weg, durch den ich die Bedeutung gehörter Stimmen dechiffrieren kann – egal, ob lebendig oder tot.

Irgendjemand verriet mir, dass ihr Geheimcode oder Zeichen mit ihrem verstorbenen Vater immer Schmetterlinge gewesen seien. Sie weiß nun, dass ihr Papa ihr ein Zeichen schickt, wenn sie einen Schmetterling sieht. Versteckt hinter ihrem Ohr hat sie sich einen Schmetterling tätowieren lassen, unter kurzgeschnittenem goldenen Haar. Seit Marys Tod haben die ihr Nahestehenden Kardinalvögel gesehen, stolz und rotfarben, da Mary ihre Vögel liebte. Sie besaß Futterhäuschen und wusste, dass all die Vögel sie besuchen würden. Ich habe die Kardinalvögel nur gesehen, wenn ich mit jemandem zusammen war, den sie aufsuchten. Mehr gab es für mich nicht. Da bin ich mir sicher.

Der Tod ist ein einziges Durcheinander, und bei mir laufen die Tränen. Wenigstens habe ich mich in diesem Zimmer verkrochen und schreibe vielleicht etwas Wichtiges für einen Menschen, der heute in die Todeszone eintritt. Man sieht es in den Augen und kann es an der Aura ablesen, wenn jemand in den gnadenlosen Klauen des Todes steckt.

Zufällig traf ich meine Freundin April Ende Mai. Sie führt ein Geschäft an einer Ecke der Hauptstraße mitten in Stuart, Florida, und hält sich meist dort auf. Ich schlenderte in den Laden und sah sie im hinteren Teil. Wir schauten uns in die Augen. Sie brachte einige Worte mit belegter Stimme hervor: „Ich habe meine Mom verloren …"

„Ja, das kann ich sehen. Ich bin mit ganzem Herzen bei dir, April. Ich habe Mary verloren."

„Ja, das kann ich sehen. Auch mein Herz ist mit dir."

Und da standen wir: Meine innere Leere nahm ihre Leere in die Arme, und wir tauschten dieses explosionsartige, alles zerreißende

Gefühl aus. Wir gingen wieder unserer Wege und spürten eine noch gähnendere Leere in uns – und dieser Austausch bestätigte mir, dass der Tod ein Club ist, in dem wir uns alle irgendwann wiederfinden. Jeder wird zu unterschiedlichen Zeiten Mitglied des Clubs. April und ich sind seit Mitte Frühjahr 2019 aktiv dabei. Wir sind solch regelmäßige Gäste, dass man unsere Namen an unseren Gedecken in der Bar notiert hat. Ich kann meinen Platz in jeder Stadt finden, und mein Name lautet: „Ein Bitter mit einem Schuss." Diese Clubs finden sich auf der ganzen Welt verstreut, aber man muss mit echtem Schmerz bezahlen, um zu den aktiven Mitgliedern zu gehören.

Momentan befinde ich mich am Boden zerstört für einige Tage in meinem ganz speziellen Totenhaus in London. Ich wohne ganz in der Nähe der neuhundertjährigen Festung im Schatten der Tower Bridge, nahe Traitor's Gate, wo innen die Raben residieren. Zu jeder Zeit müssen dort mindestens sechs Raben sein, denn sonst – so besagt es die Legende – werden Krone und Land untergehen.

Nach all den auf London gefallenen Bomben im Zweiten Weltkrieg schienen sich dort weniger aufzuhalten, doch die Tradition wurde danach fortgeführt. Damit sie sich nicht zu weit vom Tower entfernen, wird jedem Raben ein Flügel gestutzt. Davon abgesehen, führen sie einen Lebenswandel, der dem der Royals ähnelt. Menschen kommen in Scharen, um sie zu besuchen. Sie werden beobachtet und bestaunt, haben Aufpasser und gehören zu einem mythischen Kult, der ihre eigene Größe noch überragt. Auch gibt es einige Vergünstigungen, und somit kann man ihr Leben als luxuriös beschreiben. Manchmal sind sie davongeflitzt, ohne großartig nach hinten zu schauen, doch meist findet man sie wieder im nahe gelegenen Greenwich oder sogar in einem Pub. Wenn man ihnen auf die Nerven geht, können sie kräftig zubeißen – wie die meisten von uns –, doch man kennt sie auch dafür, dass sie nicht nur ihre eigene Rasse betrauern, sondern sich auch versammeln, um verstorbenen Menschen den gebührenden Respekt zu erweisen.

Poppy gehörte zu den jüngeren Raben, doch am St. George's Day, dem 23. April 2019, schlüpften vier Küken.

Ein Rabe setzte sich in Florida, nahe des Indian River, an drei aufeinanderfolgenden Tage auf den Sims meines Fensters, während ich für eine Reise packte – es war Ende Juni, also wenige Wochen vor der Niederschrift dieses Buches.

Mir fiel auf, dass man einigen Kindern am Abend Wiegenlieder vorsingt, doch Mary las mir Edgar Allan Poe vor. Ich war fünf. Was die Kunst anbelangte, mich mit einem Talisman in das Land der Träume zu entsenden, war Mom der Auffassung, dass das Zählen von Schafen kein Transportmittel darstellte. Sie glaubte, dass die Sprache und ihr Rhythmus uns überallhin brächten, wo auch immer wir hin wollten. Wenn die Sonne unterging, war Poe ihr Bezugspunkt. Während andere Kinder Schafe zählten und die guten Christen sich mit der Abendandacht beschäftigten, lag ihr Buch geöffnet da, mit Seiten liebevoll als Lesezeichen gefaltet. Die Frau des Vikars hatte ihre Geheimnisse. Mary war die Meisterin der Raben.

Während der Mond über der alten Festung unter der Tower Bridge aufgeht, akzeptiere ich, dass anderen die Heilmittel gegeben werden, die sie auf ihrer Trauerreise benötigen, seien es rote Vögel oder Schmetterlinge. Doch ein Song, der sich eine Reise mit uns aussucht, gibt uns ebenfalls Antrieb.

SISTER JANET

Master Shaman
I have come
with my dollie from the shadow side
with a demon and an Englishman
I'm my mother
I'm my son
and nobody else
is slipping the blade in easy
nobody else
is slipping the blade in the marmalade
and
all the angels and all the wizards
black and white
are lighting candles in our hands
can you hear them
touching hands before our eyes
and I can even see sweet Marianne

Sister Janet you have come
from the Woman Clothed with the Sun
your veil is quietly becoming none
Call the Wanderer he has gone
and all those up there
are making it look so easy
with their perfect wings …
a wing can cover all sorts of things
and all the angels and all the wizards
black and white
are lighting candles in our hands
can you feel them
touching hands before our eyes
and I can even see sweet Marianne

this again?
Well I think
I could try this
once again

MARKS VATER WAR sein bester Freund. John wusste rückblickend eher, dass sich sein Ende näherte, als Mark, Marks Mutter Irene oder andere. Es war im Dezember 1998. Die Krebsoperation schien ein Erfolg gewesen zu sein. Er hatte noch auf unserer Hochzeit im vorigen Februar getanzt, und wenn ich tanzen sage, dann meine ich einen Amateur-Fred-Astaire, der über das Parkett schwebte – verdammt beeindruckende Bewegungen. Nach einer anscheinend erfolgreichen Genesungsphase, bedenkt man den Schweregrad der Krebserkrankung, bereiteten wir uns auf ein Weihnachten mit der Familie vor.

In dem Jahr hatte ich nur wenige Tage frei und kaum Zeit für die Familie gehabt. Die Tour zu *Choirgirl* – meine erste Tour mit einer kompletten Band, auch „Plugged" genannt – erfüllte meine Hoffnungen in künstlerischer Hinsicht. Wir waren zehn Monate lang unterwegs, reisten von Stadt zu Stadt und integrierten Elemente der Elektronik und einige Bandkollegen, die zusammen mit dem Piano jammten. Wir hatten einen Wahnsinnsspaß beim Zusammenspiel, aber auch mit der Crew.

Nun war die hart verdiente Familienzeit für Mark und mich an der Reihe, und so begannen wir die weihnachtlichen Festivitäten mit einem Treffen mit John und Irene in London. Die beiden erinnerten sich beim Gespräch an all die Charaktere, denen sie als Pub-Besitzer seit dem Zweiten Weltkrieg begegnet waren. Die Storys umfassten die ganze Bandbreite ihrer Ausbildungszeit bis hin zum Pub-Leben in den Swinging Sixties und den frühen Siebzigern. Danach führten sie einen Pub in Great Grimsby im Norden, ehemals einer der wichtigsten Häfen an der Nordsee. John erzählte, dass einst ein so geschäftiger Tag wie jeder andere auch begonnen habe, als ein Stammgast aus der Vergangenheit aufgetaucht sei – Hunderte Meilen von seinem alten Umfeld in Soho, London, entfernt. Nun stand er also im Rose and Crown im Herzen von Grimsby. John erkundigte sich bei dem Mann, wie er denn hergekommen sei. Dieser antwortete mit gedämpfter, verschwörerischer Stimme: „Musste Züge, Flugzeuge und alles Auffällige vermeiden. Hab mir ein schwarzes Taxi rangewunken."

John zeigte sich ein wenig irritiert und fragte: „Ein schwarzes Cabbie war bereit, dich den ganzen Weg von London hierher zu bringen?"

Der Mann klärte ihn auf: „Tja, der Kerl von Fahrer musste sich ein Telefon suchen, um seine Olle um Erlaubnis zu fragen. Er erklärte ihr, für mindestens einige Tage weg zu müssen. Als er ihr den von mir angebotenen Preis nannte – der ausreicht, damit die beiden einige Monate über die Runden kommen –, fragte sie, ob er nicht noch länger wegbleiben könne. Bis es also wieder zurückgeht – nachdem Gras über die Sache gewachsen ist und ich lange genug abgetaucht bin –, habe ich ihn in ein Zimmer verfrachtet, mit ein bisschen Taschengeld, weit über seinem Honorar. Und vertrau mir, er ist fröhlich wie ein Sandkastenkind."

John konnte eine Geschichte so erzählen, dass plötzlich all deine Probleme hinwegschmolzen. Er brachte dich zum Lachen und lockte das Beste in dir hervor. Im Laufe dieser magischen Tage und Nächte während des Weihnachtsfestes 1998 fand ich das heraus, was schon alle längst wussten, die ihn so verehrten: Wenn man in seiner Nähe war, fühlte man sich in allen Belangen ein wenig besser.

Er konnte alles mühelos und schön aussehen lassen, indem er die richtigen Worte zusammenfügte, entweder in Form einer Frage – oder er heilte deine Wunde, indem er eine Geschichte ersann.

An diesem bestimmten Tag, während Weihnachtslieder die Dekorationsarbeiten untermalten und zahlreiche Leute zusahen – die besten, die man sich wünschen konnte (das schönste Entertainment auf dem Planeten) –, schlug John vor, dass wir beide nach Soho gehen sollten, um etwas für Mark auszusuchen. Nachdem er mir bei der Auswahl des Geschenks geholfen hatte, fragte er: „Sollen wir ein bisschen rausfahren, um eine Tasse Tee zu trinken?" Er erklärte dem Fahrer die Route, da er das Straßennetz sehr gut kannte, holte weit aus und erzählte Storys von sich und Irene als Paar in jenen wunderschönen, verrückten Sechzigern, die Geschäftsbesitzer und

Kriminelle dazu ermutigten, keinen gewalttätigen Territorialstreit zu führen. Er beschloss die Erzählung mit der Beschreibung einer sehr freundlichen, aber unnachgiebigen Irene, die bekanntermaßen einen Rolling Stone aus ihrem Pub in Soho warf.

Die Straße war mit einer hauchzarten Schneeschicht bedeckt, als er darum bat, an der Seite anzuhalten. Wir stiegen beide aus dem Wagen und standen unter einer Markise, wo er sich eine handgestopfte Embassy Number 1 Red anzündete. Er zeigte auf das Gebäude, das einst ihr Pub gewesen war, inhalierte einen Zug und sagte: „Er hieß George and Dragon … und ich war George."

Dann wurde er sehr ernst. Mittlerweile war er beim zweiten Glimmstängel angelangt.

„Du musst das jetzt unbedingt richtig verstehen, Tori, denn es wird euch wahrscheinlich in der nächsten Zeit helfen. Was ich dir erzähle, wird für Mark in den kommenden Monaten zu einer Art Schlüssel werden."

Auf seine Ermutigung hin holte ich Johns Geschenk für Mark aus dem Taxi. John − nun von winzigen Schneeflocken bedeckt − sagte: „Wenn ich gegangen bin, wenn Mark so viel geweint hat, wie er nur weinen kann, zeig ihm diesen Zug und erzähl ihm exakt das, was ich nun sage: *Für dich ist es Zeit, diesen Zug zusammenzubauen, und es ist kein Fehler, dass er die Buchstaben ,GWR' trägt. Weißt du, Sohn, die Great Western Railway befährt die Strecke nach Cornwall und hat uns immer dorthin gebracht, seit du ein kleiner Junge warst, wenn du, deine Mutter und ich im Norden Cornwalls Ferien machten. Und das ist die Strecke, die mich immer zu dir bringen wird, Mark. Und vergiss nicht all die Erinnerungen und die, die erst noch kommen werden.*"

Nachdem John im Februar 1999 gestorben war, legte sich ein Nebel der Trostlosigkeit über die Wälder nahe des Studios in Cornwall. Wir machten Musik, und die Arbeit an meinem nächsten Album *To Venus And Back* hielt uns über Wasser. Einen anderen zu lieben, der eine qualvolle Trauer durchleben muss, steht für das Wissen, dass es keine Worte gibt, die ihn trösten können.

Ich versuchte es. Wir alle versuchen, die Menschen zu erreichen, die von den Klauen des Schmerzes zerrissen werden. Wochenlang, ohne absehbares Ende, gab es keine Worte mehr: Keine Berührung erreichte Mark, obwohl er direkt neben mir saß. Er hätte sich auch in China aufhalten können. Er zerbrach innerlich, doch das geschah hinter einer unsichtbaren eisernen Maske.

Mary riet mir zur Geduld und versprach, mir die Energie zu schicken, die ich emotional brauchte. „Liebling, versuch nicht, Wasser aus einem ausgetrockneten Brunnen zu schöpfen. Das kann für euch beide gefährlich sein. Zu glauben, dass er dir etwas geben könnte, wäre nicht fair. Die Quelle wird sich gerade nicht füllen, doch die Musik wird dir helfen. Schließ die Augen, und stell dir den Indian River vor. Er lebt von den Gezeiten, kommt und geht jeden Tag, ohne jemals auszubleiben. Ich werde den Fluss aufsuchen und ihn in mir aufnehmen. Halte einen Platz in deinem Inneren frei, meine verzweifelte Tochter." Die Musik übermittelte mir Marys Kraft. Ihre Weisheit wurzelte in einem tiefen Verständnis der Situation, da sie beide Eltern verloren hatte. Als ihre Mutter in den Siebzigern verschied, fiel sie in eine solche Leere, dass sie während dieser Zeit kaum mehr zu leben schien.

Woche für Woche beobachtete ich Mark, der eine unerbittliche und niederschmetternde Trauerphase durchmachte, doch dann besuchte mich eine Stimme mitten in der Nacht. Sie lockte mich aus dem Schlaf, und ich folgte ihr nach draußen. Ich kannte sie nicht. Eine Frau. Ich hatte ihren Ton niemals zuvor gehört.

Sie sang mir etwas vor, etwas über 1000 Ozeane. Darüber, dass die Trauer so groß sein könne, dass die Tränen eines Menschen 1000 Ozeane bildeten, sogar in einem Niemandsland. So äußern sich die Musen manchmal, aber niemals auf eine Forderung hin, nicht bei mir.

Ich war mir nicht sicher, ob Mark die Botschaft von dieser alten Frau empfangen würde, und so spielte und sang ich ihm das vor. Es war der Beginn seines Weges dorthin, wieder mit mir zu kommunizieren und dabei seine Gefühle auszudrücken.

Wie von seinem Vater instruiert, führte ich ihn zu dem Eisenbahnbausatz, den John für ihn ausgesucht hatte, und ließ ihn allein mit dessen Botschaft. Langsam zeigte sich der Bauplan für den GWR-Modellzug. Es sollte noch eine Zeit dauern, bis Mark und ich wieder über all das von George Gesagte lachen konnten, doch die „Kommunikationslinie" zwischen dem George and Dragon im London der Sixties und Cornwall wurde immer häufiger genutzt. Sogar die alten Signalzeichen erschienen wieder in der Landschaft, auch wenn nur Mark und John sie sahen.

Marys Raben nahmen wieder meine Hand, und wir tauchten in Erinnerungen ein, reisten mit unserer Zeitmaschine aus Songs.

1000 OCEANS

These tears I've cried
I've cried 1000 Oceans
and if it seems I'm floating
in the darkness
well
I can't believe that I would keep
keep you from flying
and I would cry a thousand more
if that's what it takes to sail you home

I'm aware what the rules are
but you know that I will run
you know that I will follow you
over Silbury Hill through the solar field
you know that I will follow you

and if I find you
will you still remember
playing at trains
or does this little blue ball
just fade
away
over Silbury Hill
through the solar field
you know that I will follow you
I'm aware what the rules are
but you know that I will run
you know that I will follow you

these tears I've cried
I've cried 1000 oceans
and if it seems

I'm floating
in the darkness
well
I can't believe
that I would keep
keep you from flying
so I will cry a thousand more
if that's what it takes
to sail you home
sail you home
sail
sail you home

RECHTS: Dr. Marie Dobyns und Tash.

UNTEN: Mit Jon Evans und Matt Chamberlain, 2009.

OBEN: Ein Seitenblick.

LINKS: Kendra Wester und Chelsea Laird Mitchell, 2009: Willkommen in England.

RECHTS: Mit Neil Gaiman, 2014.

UNTEN: Tash am Set.

UNTEN: Die Crew in Australien, 2014. Hintere Reihe von l. nach r.: Dave „Snakey" Farmer, Marcel van Limbeck, Barry Lee Moe, Mike Lafferty. Mittlere Reihe von l. nach r.: John Witherspoon, TA, Ehemann, Andy Yates, Miles Barton. Vordere Reihe von l. nach r.: Mindi Pelletier und Glenn Felton.

LINKS: In den Bergen, 2016.
UNTEN: Der tiefe Süden, 2016.

LINKS: Little Tennessee Road Trip.
UNTEN: Auf den Bergkämmen – Smoky Mountains, 2016.

LINKS: Ed und Mary mit
Enkeltochter Cody, 2016.

OBEN: Cousinen – Tash und Kelsey Dobyns, 2018.

OBEN RECHTS: Das Studio Martian Engineering, 2017.

RECHTS: Cembalo.

UNTEN: Verleihung der George Peabody Medal, 2019.

RECHTS: Karen Binns, 2019.

DIE RABEN ERSCHEINEN NUN fast jeden Tag. Ohne vom Stuhl aufstehen zu müssen, holt mich Mary ins Maryland. Sie zeigt mir diese Szene: Es ist September 2004 und sie bricht in einer Arztpraxis zusammen. In der Praxis meiner Schwester Marie. Es entsteht Panik, doch Marie gelingt es, Mary so lange am Leben zu halten, bis der Rettungswagen eintrifft. Wir sehen sie dann im Krankenhaus, und Leute rufen: „Code Blue!" Sofortige Reanimation. Dann geschieht alles Mögliche, aber ich verstehe es nicht, doch es scheint mir, dass Mary auf dem Weg zur anderen Seite ist – was auch immer das bedeutet.

Wie man mir später erklärte, hatte Marys Herz an diesem Tag 2004 drei Mal zu schlagen aufgehört. Herzstillstand. Marie sagte: „Allein einer ist schwer – ganz zu schweigen von dreien an einem Tag. Der erste war in der Praxis, der zweite im Rettungswagen und der dritte in einem Krankenhaus. Tja, das ist sicherlich kein schlechtes Timing, wenn man überleben will."

Später, es war das Jahr 2019 und ich klebte während dieser Vision in einem Seance-ähnlichen Zustand förmlich an meinem kaputten Schaukelstuhl, spürte ich, dass es einen Grund geben musste, warum uns Mary mit ihrem Raben-Schutzgeist ins Jahr 2004 führte. Doch ich kannte ihn nicht. Wir beide betrachteten sie in diesem September in dem Krankenhauszimmer. Mein Vater stand in einer Ecke, außer sich vor Sorge, und Marie sprach mit den Ärzten. Dann sahen wir mich, wie ich sie vor all den Jahren besuchte.

Ich war so glücklich und dankbar, sie zu sehen, redete ununterbrochen und sprach von Wundern. In dieser Rückschau war Mary gerettet worden.

Endlich hielt ich dann die Klappe und schaute sie an. Sie wirkte besorgt. Vom Unheimlichen verfolgt. Wir musterten uns gegenseitig. Sie meinte: *Weißt du noch, als ich dir von Menschen mit Nahtod-Erfahrungen erzählt habe und davon, dass sie angeblich ein Licht sähen oder eine Stimme hörten oder eine Botschaft erhielten, dass es „noch nicht Zeit für sie sei"?* Ich erinnerte mich vage daran, dass sie mir von diesen Berichten erzählt hatte, vor ihrer eigenen Nahtod-Erfahrung. Nun bemerkte ich deutlich, dass sie wirklich daran geglaubt hatte. Vielleicht ist „glauben" nicht das richtige Wort, um die Art von blindem Vertrauen zu beschreiben oder zu definieren, die Mary dem außerkörperlichen Phänomen zuschrieb. Die Berichte davon – die für ein Versprechen auf ein Leben nach dem Tod standen – waren zugleich ein lebendiges Zeugnis für einen Aspekt des christlichen Glaubens, den sie so intensiv vertrat.

Wir beobachteten sie beim Warten, bis wir beide allein waren. Dann schaute sie mich direkt an und sagte: „Ich weiß um mein Glück, noch am Leben zu sein, doch ich muss jemandem die Wahrheit sagen über das, was ich gesehen habe." Und dann schien es so, als würde ein Hauch von Optimismus in mein zynisch-blasphemisches Ich von 2004 eindringen. (Alles, was mir Mary über die Jahre mitteilte, scheint von dem richtigen Ort zu kommen. Einem nicht-manipulativen Ort.)

Typisch für Mary: Wenn ich etwas nicht so sah wie sie, verspürte sie nicht das Bedürfnis, meine Einstellung zu ändern, ausgenommen, wenn ich destruktiv oder selbst-destruktiv war. In so einem Fall schaltete sie sich ein. Mit weiser Energie, bewaffnet mit bedingungsloser Liebe, richtete sie ihren Pfeil auf das Ziel, eine vergifteten Idee oder ein infiziertes Gefühl an der Wurzel zu packen. Mary kannte ihre Gedankenwelt und benannte laut und deutlich das, was sie als Mangel sah. „Aber wir alle haben doch Fehler. Tröste dich damit, und lass nicht zu, dass diese Tatsache deinen Tag ruiniert", sagte sie immer. „Der Schlüssel liegt darin, diese Fehler zu kennen. Das Ausleben mag ein Hindernis sein, das deine Aufmerksamkeit von der wirklich wichtigen Frage ablenkt: Welcher meiner Mängel hat sich vom Rücksitz auf den Fahrersitz vorgedrängelt? Wenn ein Mangel das Steuer übernimmt, müssen deine Alarmglocken schrillen. Denn in dem Moment ergibt sich die perfekte Möglichkeit, diesen Fehler direkt zu sehen und ihn zu fragen, was er von dir fordert, um wieder seinen ihm zustehenden Platz auf der Rückbank einzunehmen."

Sie hielt immer einen Platz für Menschen frei, die ihre Fehler auf eine magische Art zeigten. (Tatsächlich belohnte sie dich auch dafür.) Sie hielt auch für mich einen Platz frei, um meinen Mängeln von Angesicht zu Angesicht gegenüberzutreten. Ich war bereit, das anzunehmen, was sie mir über ihre Erfahrung sagen wollte, als sie das Hier und Jetzt verließ.

Mary hielt inne und sagte mit einem Achselzucken und einiger Niedergeschlagenheit: „Das war nichts. Einfach nichts." Sie wirkte gequält.

„Vielleicht wurde dir das Geheimnis des Lebens nach dem Tode vorenthalten, weil du immer wieder zurückkehrtest", scherzte ich.

„Ellen, sein nicht albern. Das steht dir nicht." Nur wenige Menschen nennen mich Ellen. Meist Mütter mit einem stabilen Charakter verdienen das Recht, dich so anzusprechen, wie sie wollen, und das beschränkt sich auf eine ganz bestimmte Beziehungssituation. Alles Negative, was ich möglicherweise mit dem Namen assoziierte, ist dank der amniotischen Würde meiner Mutter neutralisiert.

Sie schaute mir direkt in die Augen und sagte: „Ellen, verstehst du überhaupt, was ich dir sage?" Was wollte sie mir gerade mitteilen? Um sie zu verstehen, musste ich ihr folgen, als sie die Hand des „Geistes vergangener Erinnerungen" nahm und dann die andere Hand öffnete, damit ich sie umfasste und ihr folgte.

THE BEEKEEPER

flaxen hair blowing in the breeze
it is time for the geese to head south
I have come with my mustard seed
I cannot accept that she will be taken
from me

„Do you know who I am" she said
„I'm the one who taps you on the shoulder when it's your time
Don't be afraid I promise she will awake tomorrow somewhere
tomorrow
somewhere"

[– wrap yourself around the Tree of Life and the Dance of the Infinity of the
Hive – take this message to Michael]

I will comb myself into chains
in between the tap dance clan
and your ballerina gang I have come
for The Beekeeper I know you want
you want my Queen
anything but this can you use me instead

ζ ζ ζ

„Do you know who I am" she said
„I'm the one who taps you on the shoulder when it's your time
Do not be afraid I promise that she will awake tomorrow
somewhere tomorrow
somewhere"

in your gown with your breathing mask on
plugged into a heart machine

as if you ever needed one
I must see The Beekeeper I must see
if she'll keep her alive (call engine 49)
I have come with my mustard seed

„Maybe I'm passing you by just passing
you by girl I'm passing you by on my way
on my way I'm just passing you by but don't be confused
One Day I'll be coming for you"
I must see The Beekeeper
I must see The Beekeeper

MARY, IHR RABE UND ICH betrachten mich, wie ich sie in einem Motel in Southern Pines, North Carolina, vor vielen Jahren aufspüre.

Seit dem medizinischen Notfall und der Herzoperation waren zwei Monate vergangen. Der chirurgische Eingriff war aus medizinischer Sicht erfolgreich gewesen, und sie befand sich wundersamer Weise auf dem Weg der Besserung. Doch sie sah aschfahlen aus.

Michael, ihr Sohn und mein Bruder, war einige Jahre zuvor bei einem Autounfall ums Leben gekommen.

„Oh, Mom. Mein Gott, dir ging es ja wirklich nicht gut, oder?"

Nein.

Wir studierten aufmerksam die sich uns darbietende Szene.

Das ist jetzt etwas, das ich dir unbedingt mitteilen möchte, Ellen. Jeder muss sich in seinem Leben der Trauer stellen. Davon ist niemand ausgenommen. Wie jeder Mensch damit fertig wird oder auch nicht, hängt von der Reise zum eigenen, inneren Schmerz ab. Um ehrlich zu sein – einige überstehen das nicht. Es sollte kein Konkurrenzkampf sein. Es gibt keine Auszeichnungen für den, der am intensivsten trauert. Ich war eine Mutter, die ihren einzigen Sohn verlor. Mein Glaube geriet ins Wanken. „Warum blieb mir das nicht erspart?", fragte ich Gott. Nur um die größte Qual zu fühlen, die eine Mutter erleben kann – den Verlust eines Kindes? Auf der ganzen Welt gibt es nichts Schlimmeres. Davon bin ich überzeugt.

Dann rezitierte Mary:

„*Take thy beak from out my heart, and take thy form from off my door!*"
Quoth the Raven „*Nevermore*" ...
„*On this home by Horror haunted – tell me truly, I implore – Is there –*
is there balm in Gilead? – tell me – tell me, I implore!"
Quoth the Raven „*Nevermore*"

Danach erzählte sie weiter, erklärte, was sie während der Trauer habe durchmachen müssen. *Ich hatte Flashbacks, sah ihn als keinen Jungen, der mir Blumen zum Muttertag brachte, die er in unserem Garten gepflückt hatte ...*

purpure Tulpen. Goldstaub. Das war Goldstaub. Ein Kind zu verlieren ist Teil meiner Geschichte. Es zerbrach mich. Aber es machte mich einfühlsamer gegenüber jedem, der einen Verlust erlitt. Genau hierin liegt der Grund, *warum ich dich an diesen Ort gebracht habe. Du kannst etwas machen, um dich durch den Schmerz durchzuarbeiten, wozu ich niemals in der Lage war.*

Ohne genau nachzudenken, fragte ich: „Und was ist das, Mutter?"

Du kannst es transformieren, wodurch all das Leid wertvoll wird. Selbst wenn du niemals auf etwas hörtest, was ich dir sagte, musst du mir doch jetzt zuhören … Nachdem du mit dem Selbstmitleid über den Tod deiner Mutter aufgehört hast, spitz deinen Bleistift, und nimm dir das zu Herzen. Es tut mir wirklich leid, Ellen, dass du durch meinen Schlaganfall traumatisiert wurdest. Aber du und Tori müsst euch jetzt zusammenreißen und etwas Bedeutungsvolles aus dem machen, was ihr als „die Hölle der letzten beiden Jahre" beschreibt. Irgendetwas. Es bezog sich auf keinen von euch, Tori-Ellen. Ihr habt keine Windeln mehr getragen, und euch wurde nicht die Stimme gestohlen. Verstehst du, was ich dir sage?

Sie begann zu weinen und sagte: *Ich liebte Musik, und ich liebe die Musik immer noch. Du wurdest geboren und hast praktisch schon Musik gemacht. Statt Songs zu schreiben, während du das alles durchmachen musstest, und deine Gefühle in den Stücken auszudrücken,* zerstörst du dich. *Du musstest aus dem kaputten Schaukelstuhl aufstehen, aufhören, meine Asche anzustarren. Wir verbrachten doch zwölf zusätzliche Jahre, nicht wahr? Sie ereigneten sich. Sie waren real. Wir erzählten uns noch mehr Geschichten, und du hast viele Songs über viele Themen geschrieben. Doch wie sollen die Musen dich finden, wenn sogar ich, deine eigene Mutter, dich nicht wiedererkenne? Ich bin die Tote, nicht du. Kann ich noch nicht mal das für mich allein haben?*

Deine eigene Tochter, Natashya, schreit und weint, sagt, sie brauche ihre Mutter zurück, und dein Mann hat dich seit Wochen nicht gesehen. Und hier bist du und sitzt noch immer in dem kaputten Schaukelstuhl. Selbst wenn nichts zu dir durchdringt, vielleicht gelingt es mir ja. Ich erinnere dich daran, dass wir alle in deinen Songs sind. Für immer und ewig. Dort kannst du uns finden. Sie sind das Einzige, was dich in dieser Zeit rettet. Die Songs haben anderen geholfen, sich selbst zu retten. Und nun müssen sie dir helfen, dich aus dieser Lage zu befreien. Sie nahm meine Hand und sagte: *Wir müssen noch hierhin und dorthin, bis ich dich verlasse.*

Poppas Beerdigung. Winter 1973. North Carolina.
Viele ganz unterschiedliche Leute.
Christliche Beerdigungen gestatten Trauerbekundungen mit Hym-
nen, die die Doktrin reflektieren. Der Glaube schwebt im Himmel.
Als Poppa starb, stellte der Himmel für Nancy einen Rettungsanker
dar. Die beiden waren beste Freunde. Poppa sang dieses Stück immer
mit seiner wunderschönen Tenorstimme, wobei er im Schaukelstuhl
auf der Veranda in Newton, North Carolina, saß und seine Pfeife
nach Kirschholz duftete.

There's a land that is fairer than day
and by faith we can see it afar
for the Father waits over the way
to prepare us a dwelling place there
In the sweet (In the sweet) by and by (by and by)
*   we shall meet on that beautiful shore (by and by)*
*   In the sweet (In the sweet) by and by (by and by)*
*   we shall meet on that beautiful shore.*

Weißt du, Liebling, meinte Mom, *als wir uns diese Zeit anschauten,*
du warst untröstlich. Erinnerst du dich, dass du die meiste Zeit neben Poppas
Grab standest?
   „Ich schätze mal, ja. Er war mein Seelenverwandter."
   Ja, das war er. Und er glaubte an dich. Er bemerkte deine musikalischen
Fähigkeiten und hörte nicht auf, über all die Möglichkeiten zu reden. Er
erzählte dir all seine Geschichten, und du hast dich hingesetzt und zugehört,
während er seine Pfeife rauchte und im Schaukelstuhl wippte – dort drüben
auf der Veranda.
   „Ja, Mom, daran erinnere ich mich und auch daran, dass ich an
seinem Grab weinte."
   Du hast viel Zeit an seinem Grab verbracht.
   „Ich wollte ihn unbedingt zurückhaben."

Ja, das weiß ich, Liebstes. Auch ich wünschte mir seine Rückkehr. Er liebte uns beide – sehr. Und wenn dir so viel Liebe und Akzeptanz zukommt nur dafür, dass du du selbst bist – wenn einfach nur dein Ich genügt – ja, warum solltest du das einfach ziehen lassen?

Ich weinte: „Mom, ich will nicht loslassen. Das ist das Problem."

Sie erhob ihre Stimme: *Hör nicht auf diesen Song. Hör auf deine Mutter. Lass nicht los. Du musst es nicht loslassen. Du musst es nicht loslassen.* Sie berührte mein Herz mit ihrem Finger. *Es ist direkt in dir.*

Der „Geist vergangener Erinnerungen", Mary, ich und ihr Rabe standen im Trauerhaus, 1973 in North Carolina. Wir sahen Leute aus der Stadt, Großonkel, Onkel, Cousinen und ihre Freundinnen in Miniröcken und auch einige Freimaurer aus Poppas Loge, die ihre Erinnerungen teilten.

„Erinnerst du dich noch, als Poppa …", begann einer nach dem anderen eine Erzählung. Die meisten nannten ihn Poppa. Ein Thema, das sich in den Gesprächen wiederfand, war Poppas Glauben an Mary und sein Stolz über ihre „akademische Zeit".

Dann führte uns der Geist der Erinnerung zum Brevard College in North Carolina, das fur sie so viele aussichtsreiche Wege bedeutet hätte. Der Geist zeigte uns, wie Mary während des ersten Studienjahrs 1948 Ed heiratete. Poppa und Nanny kamen nicht. Mary erklärte mir das, was wir sahen.

Sie hatten gespart und gespart, und ich willigte ein, die Erste in der Familie mit einem College-Abschluss zu werden und damit meine eigene Zukunft zu gestalten. Ich hätte nie in den Mühlen arbeiten müssen und ihre Enkel auch nicht. Der Kreislauf war durchbrochen. Dank ihrer Liebe und ihrer persönlichen Opfer war der Kreislauf unserer Familie durchbrochen worden. Bildung lautete die Antwort auf ihre Gebete um einen Ausweg. Sie hatten an mich geglaubt, und alles, was sie besaßen, in meine Ausbildung gesteckt. Der Glaube ist eine mächtige Kraft.

„Ja, Mom, das ist er."

Wenn wir die Menschen enttäuschen, die an uns glauben, ist das für sie eine erschütternde Erfahrung. Ich bereue nicht, deinen Vater geheiratet zu haben. Doch ich wollte nie jemanden enttäuschen.

Sie hielt meine Hand.

THE VICAR'S WIFE

If you find the Vicar's wife
Running through the rain
On her way from Saint James
To Mary's in the field
You'll find she plays guitar
Sometimes with her band
But she plays the bass
Like a Messiah
If you find the Vicar's wife
Staring out to sea
Praying for one more soul
We lose one every week
There she will light a flame
Asking why they've gone
What are we not giving
Giving to the young?
You'll find she plays guitar
Sometimes with her band
But she plays the bass
Like a Messiah
If you find the Vicar's wife
Running through the rain
On her way from Saint James
To Mary's in the field
On her way from Saint James
To Mary's in, Mary's in,
Mary's in the field

MARY SCHAUTE HOCH UND SAGTE: Ich wollte Poppa und Nanny wirklich nicht enttäuschen.

„Die Wahrheit ist, dass ich dich, Mom, als Kind ganz für mich allein hatte. Das mag selbstsüchtig gewesen sein, ja. Du wärst sicher sehr erfolgreich und gefragt bei deiner Arbeit gewesen, aber dann hätte ich nicht diese wertvolle Zeit mit dir verbringen können. Ich wäre niemals Songwriterin geworden. Du hast mir Geschichten gezeigt und die Worte vorgelesen. Hast mir Schallplatten vorgespielt. Erinnerst du dich, als Dad immer mit seinem Priestergewand zur Kirche fuhr? Du hast dann immer geschaut, ob er schon aus der Einfahrt abgebogen war."

Mary zwinkerte und fragte: *Und was habe ich dann gemacht?*

„Du, Mom, hast dann deine Schürze ausgezogen – und vor meinen Augen verwandelte sich die Frau des Priesters in den intelligentesten DJ der Welt, der all die Platten auflegte. Ich schätze das mehr als alles andere."

Mary lächelte: *Siehst du, du entdeckst den Goldstaub wieder, meine süße Tochter … Du hältst ihn mit beiden Händen fest. Was wir all die Jahre gemeinsam erlebten, ist keine Fantasie. Niemand, und ich meine damit wirklich niemand, kann uns das wegnehmen. Jeden gemeinsam verbrachten Tag, jeden Spaziergang, den wir unternahmen, jedes Lied, das du mir seit deiner Kindheit vorgesungen hast – sie werden in unseren Herzen und den Songs weiterleben. Vergiss niemals, dass alle, über die du schriebst, in deinen Songs leben. Du kannst uns dort immer finden, wenn du uns brauchst oder einfach nur mit uns reden willst. Das ist dein Goldstaub. Vergiss das nie.*

***

Februar 2019

Mary, ihr Rabe und ich sind in ihrem Haus in Florida, das von allen, die meine Eltern kannten, Marys Haus genannt wurde.

Mary und ich schauen zu, wie mein Vater Ed das Zimmer mit meiner Schwester Marie und Marys Pflegerin Olive verlässt. Kurz danach werden sich Marie und ich um unsere alltäglichen Aufgaben kümmern.

Wir sehen, wie Mary in ihrem Rollstuhl meine Hand packt und zu schreien beginnt. Auf ihrem Augenhintergrund erkenne ich Panik und heillose Aufregung.

„Mom, Jesus, okay! Ich weiß nicht, was du mir sagen willst. Aber du hattest einen schweren Schlaganfall."

Mary nickt mit dem Kopf, auf und ab, und versucht, das Wort „Ja" zu formen, was zu einem „A" wird. Sie will zusätzliche Informationen.

„Die Ärzte initiierten die Schlaganfalltherapie und gaben dir TPA, hörten dann aber mit der Behandlung auf, weil sich ein Idiot für ein Genie hielt und die Diagnose stellte, dass du keinen Schlaganfall gehabt hättest. Sie brachen also die TPA-Behandlung ab und verlegten dich in die Notfallaufnahme eines anderen Krankenhauses."

Aus dem Schatten heraus sahen der Rabe, Mary und ich, wie sich die Symptome der im Rollstuhl sitzenden Mary verschlimmerten. Sie begann zu schreien, schnappte nach meiner Jeansweste und versuchte, mir etwas zu sagen.

„Mom, willst du mir erzählen, was du gerade durchmachst?"

Sie nickt und krächzt wieder diesen „A"-Laut.

Dann sieht sie mich mit diesen Augen an, die klarer wirken als in der Zeit nach dem Anfall. Ich beginne mit ihr zu reden. Kein anderer hört mich.

„Mom, was du durchgemacht hast, ist schrecklich. Wie du jeden Tag überstehst – das zu erahnen, fällt mir schwer. Du hast immer gesagt, dass das, was mit Mary geschah – ein sehr schwerer Schlaganfall – deine größte Angst sei. Und wenn das mir dir geschähe – du nahmst mir ein Versprechen ab –, sollte ich den Menschen nicht erlauben, dich in so einem Zustand in dieser Welt dahinsiechen lassen. Du hast nun mehr als zwei Jahre gelitten. Ich glaube, dass du deine Lebensqualität geopfert hast, damit wir uns alle an eine Realität ohne dich gewöhnen. Ich weiß, Dad hat geklammert und versucht, dass du hierbleibst. Du hast uns allen nur gegeben, gegeben und gegeben. Es ist nicht richtig, dass du leiden musst. Es ist grausam. Von all den Menschen, denen ich in meinem Leben begegnet bin, bist du diejenige, die so ein gemeines und vernichtendes Schicksal nicht verdient. Wie alles andere in deinem Leben, mit dem du fertigwerden musstest, hast du deine Last mit mehr Würde getragen als alle anderen, die Windeln tragen müssen und in ihrem Körper gefangen sind. Falls ich dich wirklich liebe, muss ich dir deine Weiterreise erlauben – und für eine bestimmte Zeit auch ohne mich. Du hast dein ganzes Leben an die Macht der Liebe geglaubt und den Weg Jesu. Deine Liebe, Mom, ist die größte Liebe, die ich jemals erlebt habe, und sie wird dich zu denen führen, die sie als Nächstes brauchen. Ich danke dir dafür, dass du die beste Mutter warst, die ich nur haben konnte. Du hast mir gezeigt, was Goldstaub wirklich ist."

Aus dem Schatten heraus sehe ich, wie meine Mom mir die Hand drückt. Dann spricht Mary mit dem Raben zu Mary im Rollstuhl. „Schon bald ist die Zeit gekommen, in der du Poppa, Nanny und Michael wiedersehen wirst. Es ist Zeit – frei zu sein."

Mary, ihr Rabe und ich verlassen die Szenerie und stehen vor einem Piano. Sie zeigt auf mein Herz und sagt: *Ich bin da drin. Lass die Liebe nicht los. Die Songs werden kommen. Vertraue ihnen mit allem, was du hast. Sie werden dich nach Hause tragen.*

REINDEER KING

Crystal Core
Your mind has been divided from your soul
Now you say you are that stranger on your shore
grief it brings need the naked freeze
caught in the frost
numb unbearable thoughts
your inner need-fire
not lost
no way
not lost

I've just come from the Reindeer King
He says, „your purity of soul – crystalline"
gotta get you back to you
get you back to you
you gotta get you back to you
get you back to you
You.

Crystal Core
You are at the still point of the turning world
the divide
fearing death desiring life

〜 〜 〜

Ice you were the one most tender
with the rivers
You the roof
of the waves layer after layer
after
layer

I've just come from the Reindeer King
He says, „your purity of soul — crystalline"
gotta get you back to you
get you back to you
you gotta get you back to you
get you back to you

You know that I would skate
skate all the way
just to hold your hand
to take away your pain
you know that I would skate
from Scandinavia
all the way to the moons
of Jupiter with you

gotta get you back to you
get you back to you
you gotta get you back to you
get you back to you
you gotta get you back to you
get you back to
You.
I've just come from the Reindeer King

Mai 2019. Ein Hotel in Baltimore, wo ich die Rede für die Absolventen überarbeite, die ich im Peabody Conservatory halten werde. Zerrissene Papierfetzen liegen überall zerstreut auf dem Boden. Die aufwühlenden Emotionen der Trauer zurückzudrängen, während ich eine Rede für Studienabsolventen verfasse, ist kein einfacher Balanceakt – zumindest nicht für mich.

Was geschieht, wenn sich all die Stadien des Trauerns an nur einem einzigen Tag abspielen? Einige Leute haben mir erzählt, dass Trauer wie ein roter Ball in einem Glaskasten erscheint, der immer größer wird, bis er die Ränder erreicht. Doch die Trauer, die ich spüre, gleicht eher einem Bullen in einem Verschlag, einem dessen Augen rot glühen und der sich gegen Wände der Box wirft. Dann bricht er aus und rennt in deinem Kopf herum und dann in deinem Zimmer, wobei er jeden deiner Gedanken niedertrampelt. Unglaublich anstrengend.

Training: Ich werde weitermachen und meine 50 Jahre musikalischer Ausbildung anwenden, um die Woche zu überstehen. Eine Woche, in der die hart erarbeiteten Errungenschaften der Absolventen des Konservatoriums gefeiert werden. In dieser Woche werden auch 25 Jahre RAINN gewürdigt und die Menschen, die ihr Leben an der Frontlinie einer überwältigenden Pandemie der Gewalt fristen.

Eins der wichtigsten Werkzeuge, die ich mir durch Auftritte aneignete, ist das Ritual, mich an dem Ort zu erden, an dem ich mich gerade befinde. Ablenkende Gedanken und unbarmherzig quälende Selbsteinschätzungen müssen zur rechten Bühnenseite hinausgejagt und aufgefordert werden, im metaphorischen „Green Room" zu verschwinden, dem Aufenthaltsraum für Schauspieler. Danach fängt mein Bewusstsein an, das tägliche Durcheinander zu ordnen – sogar das mentale Horten, wenn ich brutal ehrlich zu mir bin.

Dann beginnt der Prozess, zu einem Gefäß für die Musen zu werden. Die Geschichte meiner Klavierausbildung begann in dieser Stadt –

Baltimore. Im Alter von fünf Jahren spielte ich am Peabody Conservatory vor und wurde zu den Vorbereitungskursen für Klavierspiel und Musiktheorie zugelassen. Mitten in der Innenstadt Baltimores, am Peabody oder am Stadtrand, abseits der Liberty Road, wo mein Vater als Pastor der Epworth United Methodist Chapel arbeitete, übte ich dafür, dass Musik zu meiner Lebensmission würde: Mit der Intention, ihr und den Musen zu dienen und niemals ihren Glauben an mich zu missbrauchen, als ihrer Mission verpflichtete Musikerin.

Diese Erinnerungen besuchten mich in dem Hotelzimmer, nahe des Hafens von Baltimore. Vor 50 Jahren, am anderen Ende der Stadt beim Betlou James Place, kam mein Vater jeden Abend zurück von seine Verpflichtungen als Geistlicher, setzte sich in seinen Sessel und las die Zeitung. Er wollte, dass ich ihm meine musikalischen Hausaufgaben für die nächste Unterrichtsstunde vorspielte. Mein Vater machte sich sehr für Disziplin stark, was an und für sich eine gute Eigenschaft ist, die man als Künstler unbedingt entwickeln muss. Auch war er ziemlich streng und hatte eine bestimmte Vorstellung davon, wie etwas gemacht werden musste, ein „Wie-in-der-Bibel"-Pfarrer. Wenn man eine andere Denkweise vertrat, hatte man automatisch eine Debatte „am Hals".

Das alles konnte jedoch von großer Leichtigkeit getragen sein, deckten sich die Einstellungen. Oder wenn er gegen eine Plattenfirma ankämpfte, die dich betrog. Trotzdem, wenn du zu denen gehörtest, deren Vorstellungen er mit Vehemenz ablehnte – na dann viel Glück.

Aber um ehrlich zu sein – als ich noch jung war und in seinem Energiekreis arbeitete, schien das die beste Möglichkeit zu sein. (Andererseits muss man bedenken, dass Teenager auf kämpferische Erwachsene unerbittlich losgehen. Dafür bekommt man auf der Teenager-Insel Goldmedaillen.) Doch für ein kleines Kind, besonders Mitte bis Ende der Sechziger, gab es nur wenige Fluchtmöglichkeiten. In dieser Zeit entwickelte ich eine Fähigkeit, die sich über die Jahre als wertvoll herausstellte. Ob die mir eingeimpft wurde, um meinem Vater nicht zu widersprechen (und damit seine Zustimmung zu gewinnen), ist nicht so wichtig, aber es funktionierte.

Die Improvisation mag zuerst nicht wie eine künstlerische Über-
lebenstaktik erscheinen, doch es war die meine! Es ist das Vermögen, musikalische Themen, die ich im Laufe einer Woche hörte,
in Variationen zu neuen Seinsformen umzuwandeln. Entsprechend
glaubte Dad, dass Rolling-Stones-Songs oder irgendeine andere
„Teufelsmusik" *nicht* das sei, was ich spielte. Er sollte glauben, dass
ich die mir vom Peabody aufgetragenen Übungen umsetzte, denn
diese Musik konnte mein unschuldiges Bewusstsein natürlich noch
nicht pervertieren.

Also mussten die Variationen zu einem überzeugenden Stil neu
erdacht werden, der zu meinem erlaubten Repertoire gehörte. Zwang
und Not können sich auf einen Musiker und Songwriter positiv auswirken. Sie treiben dich an, mit dir als dem Songwriter, der du bist,
im Einklang zu sein (und auch mit dem, der du nicht bist).

Allerdings hätte ich mir gewünscht, dass mir ein Songwriter schon
vor vielen Jahren erklärt hätte, dass die Bedingungen und Verhältnisse, in denen du dich befindest, ihre eigene Geschichte „erfinden".
Und niemand hat exakt dieselbe Geschichte. Es ist immer deine urei-
gene. Du musst also niemals auf die Lebensgeschichte eines anderen
neidisch sein. Nicht als Songwriter.

Ich glaube nicht, dass irgendeine Story langweilig ist, denn jede
hat einen gewissen Wert und gehört nur dir. Es ist tatsächlich das
Einzige, was dir ganz allein gehört, und darin lässt sich nach emotio-
nalem Gold schürfen. Vielleicht versucht jemand, deine Geschichte
kleinzureden, darüber einen Witz zu machen oder sie als wertlos
darzustellen, weil ein vermeintliches Punktesystem zum Thema „Und
was ist deine Story wert?" besteht. Doch – und das meine ich wirklich – kann so ein Machtspielchen nur wirken, wenn du es zulässt, an
solchen Unsinn zu glauben. Es ist lediglich eine Art des Angriffs. Ich
wünschte, mir hätte das jemand in meiner Teenager-Zeit erklärt. Ich
wünschte mir auch, ein professioneller Songwriter hätte mich damals
daran erinnert, als ich auf die Leute in der Musikindustrie hörte, was
für eine Art Song man zu schreiben hat. Indem ich ihnen zuhörte,
verriet ich meine eigene Geschichte. Und weil ich diesen Weg ein-

schlug, der zum Versagen führte, hinterfragte ich meine Identität als Künstlerin.

Aber das ist im Nachhinein okay. Es ist wirklich nicht einfach, sich das klarzumachen, aber es kann sehr gesund sein, Fragen zu stellen. Einige Künstler wissen schon in einem frühen Karrierestadium, was genau für ein Werk sie schaffen wollen. Andere müssen es erst herausfinden. Es hätte mir geholfen, von einer anderen Person den Tipp zu bekommen: „Nicht alle Künstler sind schon zu Beginn mit der Berufung des Schreibens gesegnet." Oder: „Unterschiedliche Erfahrungen sprechen jeden Künstler anders an."

Es wäre sehr nützlich gewesen, wenn mir jemand erklärt hätte, dass für bestimmte Künstler die „Melancholie" ein Führer sei, der den Schlüssel zum Finden von Melodien im Schloss umdrehe – also ihren künstlerischen Weg bahnt. Und es wäre hilfreich gewesen, wenn sie hinzugefügt hätten: „Für andere Songwriter und Musiker können die Auswirkungen der Melancholie eine Schwächung und sogar das Ende der Musik bedeuten." Dieses Wissen, weitergegeben von Songwritern, die die finstere Nacht ihrer eigenen Komponistenseele durchlebten, wäre für einen jungen und sich abplagenden Künstler wertvoll gewesen.

Vielleicht gab es ja Musiker und Songwriter, die ihre verdienten Werkzeuge des klanglichen Überlebens anderen mitteilten, doch ich hatte während des Baus meines musikalischen Fundaments keinen Zugang zu ihnen. Demzufolge musste ich Jahre mit Hilfe der Strategie von „Versuch und Irrtum" überstehen, sprichwörtlich immer wieder von meinem Klavierhocker fallen und unsanft auf dem Boden landen. Musiker haben sich mit mir über die Erfahrung unterhalten, komplett demoralisiert gewesen zu sein, wenn sie andere in ihrem Kurs oder im Kollegenkreis erlebt hätten, die ihre musikalische „Stimme", den eigenen „Sound", den eigenen „Stil" entdeckten. Es ist nicht einfach, noch „grün hinter den Ohren" zu sein – ich weiß das –, doch wir müssen das grüne Monster in seinen Kreis verbannen und die künstlerische Entwicklung fördern und bei anderen nicht beneiden. Einige haben mit mir darüber gesprochen, sich ihres Neides zu schämen, weil die kreative Magie bei dieser oder jener Person so einfach hervorgezaubert werde. Wir verlieren zukünftige Künstler noch vor der Entdeckung ihrer Identität, da sie sich nicht darüber klar sind, dass das Finden eines eigenen Stils Jahre um Jahre dauern kann.

Du magst zuerst ein großartiger Interpret der Kompositionen anderer sein und erkennst erst später, dass das Arrangieren deine wirkliche Berufung ist. All das nimmt schon einige Zeit in Anspruch.

Wenn ein Musiker darüber spricht, dass er sein Instrument aufgeben wolle, ist das eine ernste Angelegenheit, und einige von uns, von der älteren Generation, müssen ihn dann davon überzeugen, wieder auf die Brücke zu kommen. Ja, ich meinte *auf* die Brücke.

Einige Musiker nennen diese „Bridge" „die mittleren acht", da sie meist aus acht Takten besteht und einen Übergang darstellt. Manche Komponisten beschwören fantastische Refrains, andere schreiben tolle Strophen, und wiederum andere kreieren „Bridges". Einigen gelingt das alles gleich gut, doch manchmal haben Komponisten nur den Kniff für einen der Teile raus – Strophe, Refrain oder Bridge.

Mich überkam während meiner Karriere immer ein dringliches Gefühl, wenn es darum ging, die Realität einer künstlerischen Krise zu erforschen. Mitten in meinen Zwanzigern musste man mich eindringlich dazu überreden, um mich wieder auf die Brücke meines Songwritings zu wagen. Der Schlüssel, um meine künstlerische Identität zu erkennen, lag im Versagen. Mein Vater hat mich darum gebeten, darüber ausführlich in diesem Buch zu schreiben, denn sogar mit 90 Jahren glaubt er noch daran, dass das Scheitern einen Hoffnungsschimmer in sich birgt. Dort unten, ganz tief in einem finsteren Loch, kann möglicherweise die Arbeit des Schürfens nach deiner Identität beginnen.

Die wichtige Frage, die mich auf den Weg brachte, mich als Künstlerin zu suchen und neu zu entdecken, die Frage, die vom künstlerischen „Ich" zum persönlichen „Ich" reichte, lautete: „Wie verwandelte ich mich von einem Wunderkind zu einem Dummerchen?" Denn genauso bezeichnete mich eine Publikation nach der

Veröffentlichung von *Y Kant Tori Read*. Ich verbrachte Jahre mit der Schöpfung unterschiedlicher Werke, um diese Frage zu beantworten. Für eine Weile kam ich von meinem Weg ab. Das mag passieren. Es passierte mir. Ich wünschte, jemand hätte mir das erklärt. Nur weil du über eine Gabe verfügst – eine musikalische Gabe mit einigen bemerkenswerten Errungenschaften als Resümee –, bedeutet das keineswegs, dass man nicht vom Weg abkommen oder sein ursprüngliches Versprechen an die Musen brechen kann. Das kann man sehr wohl, und das geschah auch mir. Und ich überlebte es, um die Geschichte zu erzählen, doch das erforderte harte Arbeit und Engagement. Meine wichtigste Botschaft besteht darin, *nicht* aufzuhören – und zu wissen, dass du talentiert bist, was aber noch lange nicht bedeutet, dass ein Song oder eine Platte dir wie durch Magie in den Schoß fällt. Ja, das mag bei diesem oder jenem Künstler so sein. Ich spiele nun schon seit über 53 Jahre Klavier und bin dabei, mein 16. Studioalbum zu produzieren, doch ich kann die Songs an einer Hand abzählen, die mir so einfach zufielen.

Wenn ich im Radio ein Interview mit einem Künstler höre, der davon erzählt, wie schnell ein Album entstanden sei, wünschte ich mir, dass der Sender ein anderes Interview ausstrahlt, das davon berichtet, wie verzwickt es auch manchmal ist. Darüber, welch eine unglaubliche Herausforderung so ein Schaffensprozess bedeutet, von der Komposition der Stücke über die Auswahl der Instrumente für die einzelnen Teile bis hin zu den Arrangements. Das alles herausgefunden zu haben, wenn man 18 ist, gehört sicherlich nicht zur Norm.

Glücklicherweise hatte ich einen idealen Einstiegspunkt für die Entdeckung der Magie der Musik. Als ich fünf Jahre alt war, nahm man mich am Peabody Conservatory auf, mit einem Repertoire von ungefähr 200 Stücken. Dass ich die Musik in meinen Zwanzigern hassen würde, erschien für mich als fünfjähriges Kind unmöglich. Ein Stich in meinem Herzen.

Doch im Laufe der Jahre kannst du einen regelrechten Hass auf die Kunst entwickeln, die du so sehr liebst. Und wie kam es dazu? Für mich war es eine Kombination verschiedenster Faktoren. Tausende von

Übungsstunden, um als Musikerin die notwendige Beweglichkeit der Finger zu erlangen, die Opfer, die du bringen musst, um ein fähiger Instrumentalist zu sein, dann der Versuch, die Musik zum Beruf werden zu lassen, die Ablehnung der Kunst, an die du glaubst seitens der Musikindustrie, während du schon als Musikerin arbeitest ... dann die Qual, Leute zu ertragen, die ihre Drinks in dein Klavier verschütten, und dann auch noch die Situation eines Teenagers, konfrontiert mit frauenfeindlichen Gästen, die den Text der Songs, die du magst, in schmierige Liedchen verwandeln, gesungen von betrunkenen Männern.

All diese Erfahrungen wurden schließlich zu Inhalten, die meine Songs durchdrangen. Aber an einem bestimmten Punkt angelangt, wusste ich eins: Wenn ich nicht aus der Piano-Bar entkäme, würde ich da sterben, ersetzt durch ein blutjunges braunhaariges Mäuschen – jünger und weniger abgestumpft als ich. Sie würde mit dem Job belohnt, in der Piano-Bar des Hotels, nur drei Blocks vom Weißen Haus entfernt, aufzutreten, sie würde sich ihr Haar rot färben und einen Film aus ihrer gestohlenen Story machen. Buchmacher mögen Frischfleisch. Ich wusste das schon, als ich 21 wurde.

Ich entwickelte einen Hass, ohne es zu wissen, da ich mich dazu überredete, einer bestimmten kommerziellen Vorstellung von Musik hinterherzujagen, einer Seite aus der Spielanleitung des Musikbusiness zu folgen. Und dann folgte ich dem Weg – ganz allein. Dafür muss ich die volle Verantwortung übernehmen.

Dabei fand ich heraus, dass man seinen ganz individuellen Weg zur Entdeckung seiner künstlerischen Seele finden muss.

Ich wünschte, mir hätte jemand erklärt, dass ein Künstler bestimmte archetypische Energien haben könne, ohne davon verzehrt zu werden, während sie ein anderer als dämonische Besessenheit empfinde. Ein Weg mag sich für den einen Künstler auszahlen, doch bei einem anderen psychisch katastrophale Auswirkungen haben. Ein Mix aus Emotionen kann ein belebendes Elixier für den einen Künstler sein, doch Gift für den anderen.

Ich wünschte mir, dass mir jemand von diesen künstlerischen Kämpfen berichtet hätte. Den Erschütterungen ihrer Karriere. Und ich wünschte mir, sie hätten betont, dass man die Liebe für sein Instrument und die Kunstform wiederfinden könne, auch nachdem man im Wirrwarr der Verbitterung gefangen war. Und auch nach dem, was einige einen „Burnout" nennen oder die gefürchtete angebliche „Schreibblockade", ist es möglich, vom Segen der Kreativität auf angenehme Weise „bewässert" und so wieder fruchtbar zu werden.

In meinen Mittzwanzigern riefen mich die Musen auf zum Exorzismus der Vermeidungshaltung mit Blick auf mein potenzielles künstlerisches Selbst, indem sie mich den Schmerz der Ablehnung spüren ließen – und all den damit verbundenen Tumult. Das führte mich zur Entdeckung meiner dunkelsten Emotionen.

Um meinen Weg zurück zur reinen Liebe zur Musik zu erkennen, war es nötig, mein fünfjähriges „Ich" wiederzufinden. 50 Jahre zuvor hielt sie sich am anderen Ende der Straße auf, von dem Hotelzimmer aus gesehen, wo ich versuchte, eine aufmunternde und hilfreiche Rede für die Abgänger des Peabody zu schreiben. Sie hatte einen unglaublichen Spaß am Piano, hier im kreativ einfühlsamen und unterschätzten Baltimore, und tauchte tief in die musikalischen Strukturen hinab.

Erst kürzlich erzählte mir mein Vater – zwischen anderen Geschichten und Tränen für Mary –, dass er meine Erfahrung des musikalischen Versagens deutlich gespürt habe, als man mich mit elf Jahren aus dem Peabody geworfen hätte, und auch beim Flop des ersten Albums in den Achtzigern. Er bemerkte, dass die Erlebnisse sich beide Male als Katalysatoren für einen künstlerischen Wandel herausgestellt hatten, und wollte mehr als alles andere, dass ich mich damit auseinandersetzte. Durch diese radikalen Veränderungen war es mir möglich, meine Liebe zum Instrument wiederzuerlangen, eine leidenschaftliche Hingabe, die unbeschreiblich ist. Sie, das Piano, hat mich niemals verletzt. Ich habe sie verraten, doch mir wurde vergeben. All das wurde dank Sister Baltimore zurückgebracht und dank ihrer unfehlbaren Erinnerungskraft. Sie vergisst niemals.

Mit fünf Jahren leisteten mir die magischen Zwölf Gesellschaft.

Für meinen Vater bedeuteten die magischen Zwölf die Jünger. Wenn man Jesus mitzählt, offenbart sich die Kraft der 13. Für mich standen die magischen Zwölf für die zwölf Töne einer chromatischen Tonleiter. Indem ich das Piano in diesen Kreis der Magie einbrachte, entstanden meine magischen 13. Es war eine Art höchst wundersames Märchen.

A SORTA FAIRYTALE

on my way up North
up on the Ventura
I pulled back the hood
and I was talking to you
and I knew then it would be
a lifelong thing but I didn't know
that we
we could break a silver lining

and I'm so sad like a good book
I can't put this day back
a sorta fairytale with you
a sorta fairytale with you

Things you said that day
up on the 101
the girl had come undone
I tried to downplay it
with a bet about us
you said that you'd take it
as long as I could
I could not erase it

ʔ ʔ ʔ

And I'm so sad
like a good book
I can't put this day back
a sorta fairytale with you
a sorta fairytale with you

and I ride alongside
and I rode alongside you then
and I rode alongside
till you lost me there in the open road
and I rode alongside
till the honey spread itself so thin
for me to break your bread
for me to take your word
I had to steal it

And I'm so sad
like a good book
I can't put this day back
a sorta fairytale with you
I could pick back up whenever I feel

down New Mexico way
something 'bout the open road
I knew that he was looking for
some Indian blood and
find a little in you
find a little in me we may be
on this road but we're just
Imposters in this country you know
So we go along and we said
we'd fake it
feel better with Oliver Stone
till I almost smacked him
seemed right that night
I don't know what takes hold
out there in the desert cold
these guys think they must
try and just get over on us

and I'm so sad
like a good book
I can't put this day back
a sorta fairytale with you
a sorta fairytale with you

and I was ridin' by
ridin' alongside
for a while till you lost me
and I was ridin' by
ridin' along till you lost me
till you lost me
in the rear view
you lost me
I said

؟ ؟ ؟

way up North I took my day
all in all was a pretty nice day
and I put the hood right back where
you could taste heaven perfectly
feel out the summer breeze
didn't know when we'd be back
and I
I don't
didn't think
we'd end up like
like this

WO SPIELTE SICH DAS AB?

Die Begegnung fand in der Küche statt. Erst kürzlich.

Seit Mary und Beenie diese Welt verließen, sind mehrere lange Monate vergangen. Die letzten Seiten mögen meine Reise in diese Leere beschrieben haben. Obwohl Fotos aus der Vergangenheit überall ausgebreitet waren, hatte ich immer noch Schwierigkeiten, mich an Erlebnisse mit den beiden zu erinnern. Ein Bild von Mary oder Beenie allein ließ einen Augenblick in der Zeit aufflammen, doch es verblasste schnell wieder vor meinen Augen.

Bei der Niederschrift dieses Buches musste ich durch die Geschichte meiner Songs wandeln. Während des Prozesses, in Wachträumen, fand ich Erinnerungen an die geliebten Menschen, die nicht mehr unter uns weilen – wie Mary mir schon vor Monaten versprochen hatte. Sie lebten weiter, eingewebt und beschützt in den Songs.

Während ich die einzelnen Stücke besuchte, aktivierten sie meine latenten Sinne. Die daraus entstandenen klanglichen Hologramme assistierten den Songs in ihrer Funktion als Zeitmaschine. Die Kompositionen und die Aufnahmen der Stücke dokumentierten und fingen die Details einer spezifischen Zeit ein, die unberührt in meinem Bewusstsein schlummerten. Als ich „Crucify" hörte, wurde ich 30 Jahre zurück transportiert und arbeitete mit Beenie und Tina Gullickson im Studio. Die beiden fantastischen Ladys hatten auf den Demos für *Little Earthquakes* gesungen, an denen Eric Rosse und ich damals werkelten. Tina hatte einen durchdringenden und reinen Gesangston, ähnlich einer Glocke. (Das ist immer noch so, denn sie arbeitet schon lange Zeit in der Coral Reefer Band mit Jimmy Buffett.) Als 1990 die Zeit für die Aufnahme von *Little Earthquakes* gekommen war, unterstützten die beiden das Album durch ihr Talent und die Kraft von Seelenschwestern.

Beenie hatte nicht nur diese erotische Stimme, sondern modulierte damit auch beeindruckende Klänge, so wie es nur wenigen möglich ist. Sie nannte das immer ihren Schrei – doch ich nannte es „ihre Janis". Beenie konnte dich mit ihrem Southern-Comfort-Ton direkt nach Texas transportieren.

Mit jedem Kapitel des Buchs hauchten die Songs ihrem und Marys Einfluss neues Leben ein, und ich erkenne, was sie mir im Leben schenkten, als menschliche Musen und als talentierte Frauen.

Meine Gedanken wanderten nach Irland, in den Eingangsbereich von Ballywilliam House. Während der Aufnahme von *Boys For Pele* brachte Beenie die Dachbalken zum Schwingen, während sie an der Wendeltreppe „In The Springtime Of His Voodoo" kraftvoll und voluminös shoutete.

Folgende Szenen tauchen auf: Als uns Mr. Joel (von der Security) fand, während wir über den Flur, eine Etage über unserem Hotelzimmer in Buffalo, schlichen. Beenie hatte geschworen, dass Schampus in der Eisbox gut gekühlt werden könne, mich dabei belehrend, dass die Leute so anständig seien, den Cristal nicht mitgehen zu lassen, und dass die Magic Mushrooms eiskalte Gesellschaft brauchten. Wir radelten in dieser Nacht über die Sterne in Buffalo, wie auch schon Jahre zuvor (1989), auf einem Flecken Gras im Norden L.A.s, wo wir mit einigen Pflanzen Freundschaft schlossen.

Ich spüre, dass ein Song kommt.

Dann, wie aus dem Nichts wieder in der Küche, überwältigt mich eine Präsenz. Jesus, was?

Die Präsenz sprach mich an: *Hi! Ich bin's, Mom.*

„Mom, wo steckst du?"

Ich bin bei dir, und du bist bei mir.

„Okay, und wo ist das genau?"

Du kannst es das Zentrum der Galaxie nennen, wenn du unbedingt einen Namen brauchst. Doch hör zu. FÜHLE DIESE ENERGIE.

Und das tat ich.

Liebling, das ist genau die Energie, die du in die Musik der neuen Songs leiten willst.

Ohne etwas zu sagen, hörten sie und ich plötzlich, wie mein Bewusstsein sagte: „Aber Mom, ich arbeite an Songs, die aus Trauer und Wut gemacht sind."

Ja, das weiß ich. Und sie stammen von einem Ort tiefster Emotionen, die du empfunden hast. Aber nun musst du DAS FÜHLEN.

Ein weiterer Energieschub eines Mary-Blitzes schnellte durch Raum und Zeit.

„Was ist das, Mom?"

Es ist ALLES. Ist das nicht wundervoll?

„Aber Mom, wenn du wieder gehst, wird auch das verschwinden."

Ich bin doch hier, immer da. Befreie dich aus den Verstrickungen der dreidimensionalen Raum-Zeit. Du weißt jetzt, wie sich diese Energie anfühlt. Du kannst dich dafür entscheiden, überall und immer darin einzutreten. Bleibe beharrlich, meine liebe Tochter.

Wie viel Zeit wir gemeinsam in dieser Küche im Irgendwo verbrachten, weiß ich nicht. Ich vergaß, nach der Uhr zu sehen. Doch an der Energie, die sie mit mir teilte, gab es etwas Einzigartiges. Es war immens. In dem Augenblick fühlte es sich unendlich an. Ich bin zurückhaltend, es auf eine andere Art zu beschreiben, da ich mich klar und deutlich ausdrücken möchte. Das Wort „liebend" lässt sich dafür einsetzen, da die Energie von Mary kam, und ich Liebe mit ihrer Essenz verbinde. Doch das generelle Gefühl unterschied sich von der allgemeinen Definition des Liebens. Die dringliche Emotion tat mir nichts an, stattdessen war sie eine explosive kreative Kraft.

♪ ♪ ♪

Diese Transzendenzerfahrung brachte mich dazu, mir all die Song-Fragmente nachdrücklich anzuhören, die ich seit der Einspielung von *Native Invader* 2017 entwickelt hatte. Einige sind vielversprechend, andere hingegen nur Füllstoff oder Ansätze, die auf längere Sicht nicht wirken. Möglicherweise findet sich dort noch eine Passage, die es zu retten lohnt, und so muss ich alles noch einmal durchwühlen, denn sonst übersehe ich vielleicht eine Piano-Figur oder einen andern Part. Die Selbstdisziplin ist ein absolutes Muss. Künstler haben sich schon oft mit mir darüber unterhalten, wie sie sie anwenden oder welche Motivation dahintersteckt. In der realen

Welt können Künstler Menschen in vielerlei Hinsicht inspirieren und jeden Einzelnen an seinen Wert erinnern. Auch sind Künstler dazu in der Lage, uns die schockierende Bandbreite eines Themas erkennen zu lassen und sogar die persönlichen Auswirkungen. Sie zeigen zudem die potenziellen Konsequenzen für unsere nahe Zukunft auf.

Im Laufe der Jahre musste ich lernen, einen Künstler nicht in die Richtung zu lenken, die ich auf ihn projiziere. Meine Projektion mag nicht zu diesem Künstler passen, aber vielleicht zu einem anderen.

Zurückhaltung mit der eigenen Meinung ist ein absolutes Muss, will man die Entwicklung eines neuen Talents fördern, das sich eventuell noch in einer Phase hauchzarter Verletzlichkeit befindet. Ein Künstler mag talentiert sein, aber sehr verletzlich und durch diese Verletzlichkeit manipulierbar. Auch wenn ein Kommentar wie „Warum gestaltest du das nicht etwas positiver?" nur mit der besten Intention gegeben wird, kann er so einen Menschen in eine negative Abwärtsspirale treiben. Ich warne Künstler immer davor, dass die meisten *nicht* ihre Hand erheben und Werturteile fällen könnten. Ein positiver Kommentar wäre: „Dein Ausdruck, dein Stück, dein Song, deine Kunst ist nicht mein Geschmack. Tatsächlich habe ich eine Aversion dagegen, aber ich glaube, es ist brillant." Es ist klarer Fakt, dass die meisten etwas als gut oder nicht gut im Rahmen ihre persönlichen Vorlieben beurteilen. *Hütet euch davor*, rate ich allen Künstlern.

Ein demoralisierter Musiker meinte einmal zu mir: „Sie wollen, dass ich meine Stücke schneller spiele."

Wenn ein Kreativer das so nicht empfindet — und das ist eine grundlegende Wahrheit —, werden seine Songs Schiffbruch erleiden. Ihn zu bedrängen, ihn dazu zu nötigen, deinen oder meinen Wünschen zu folgen, wird ihm nicht dienen, denn es ist ein Versuch, uns bei ihm durchzusetzen. Und das, was wir wollen, liegt vielleicht nicht innerhalb seiner kreativen Möglichkeiten. Der Schlüssel zu einer eigenen Identität liegt bei einem Künstler im Entdecken seiner persönlichen Talente — der Werkzeuge, die ihm zur Verfügung stehen und die er am besten bedienen kann. Dann entwickelt er die Idee weiter und stellt sich die Frage: „Habe ich andere Werkzeuge, die zwar noch ungeschliffen sind, aber Potenzial bieten?" Die von ihm kreierte Arbeit ist möglicherweise nicht für mich bestimmt oder die Person, die einen negativen Kommentar abgab. Vielleicht sollte man die Stücke gar nicht schneller spielen. Was wäre, wenn der angesprochene Künstler ein Talent für Tragödien hat oder sogar ein Requiem? Diese Kunstform ist nicht das, was ich als „angesagt" oder schick beschreiben würde. Dennoch – es gibt Kunst, die so ausgerichtet ist, dass sie schockieren oder aufrütteln will. Andere Künstler wählen einen anderen Zugang. Einige komponieren für Trauernde. Andere wollen uns dabei helfen, wieder zu träumen.

Ich glaube jetzt, im Alter von 56 Jahren, dass Künstler niemals „unfruchtbar" sind. Das ist ein Trugschluss. Ich meine das nicht herablassend gegenüber denen, die noch nicht so lange schöpferisch tätig sind, und es ist auch nicht gegen die gerichtet, die viel länger kreativ sind als ich selbst. Risiken sind nicht für jeden vorteilhaft, aber ich muss zugeben, dass einige einer intensiveren Auseinandersetzung bedürfen. Ich möchte einer bestimmten Vorstellung gegenüber immer offen sein und Konzepte auf den Prüfstand stellen – sogar Konzepte, über die meine Instinkte sagen: „Verfügst du wirklich über alle Elemente, um diese Idee auszubauen und in die Realität zu zaubern? Oder vermeidest du nur die Erkenntnis, dass das, was wir hier haben, eine Brise alter heißer Luft ist und nicht ein magisches Klangschloss im Himmel?" Nun, die Antwort auf diese Frage zu finden, mag wohl einiger Nachforschung bedürfen.

Einige mir bekannte Künstler sind nicht offen gegenüber neuen Ideen. Denn eine Idee ist nicht mehr als eben nur eine Idee: Sie kann vom fehlgeleiteten Bedürfnis herrühren, etwas umzusetzen, weil ich es will. Allerdings mag diese Idee wenig aussichtsreich sein und wenige Früchte tragen. Demzufolge können die Testläufe für einige dumme Konzepte wie Zeitverschwendung erscheinen.

In der Kunst bin ich ein Mensch, der keine Risiken scheut. Das mag auf andere Lebensbereiche zutreffen, doch nicht auf die Musik. Nicht mit dem Piano an meiner Seite als Führung und leitende Kraft in meinem Leben. Ich vertraue ihr. Mehr als ich allen anderen vertraue. Menschen hingegen können Allianzen verändern.

Würde man fast alle Aussagen diese Buches streichen, verbliebe ein wichtiger Aspekt: Instrumente verraten und täuschen uns nie. Wir verraten sie, uns und unsere künstlerische Seele.

Verrat – er kommt nur von uns. Warum? Warum? Warum? Wegen des kommerziellen Erfolgs? Für den Ruhm? Madame Ruhm ist eine unbarmherzige Geliebte, der man dienen muss. Und ich bin überzeugt, dass sie eine Sadistin ist.

Du und ich haben die Wahl, unserer Kunst zu dienen, indem wir sie über alles andere stellen. Doch der Ruhm kann verführerisch sein. So sollten wir kleine Übungen machen, um herauszufinden, was unsere kleinen inneren Ruhm-Sucher im Verborgenen gerade im Schilde führen. Wir können uns fragen: „Worin liegt meine Absicht bei diesem Stück?" Natürlich beginne ich kein Projekt mit der Intention zu versagen. Aber was genau ist denn dieses Versagen? Etwas, das bei den Massen nicht ankommt, nicht bekannt wird? Nur weil ein Künstler berühmt ist, muss er nicht zwangsläufig großartige Kunst produzieren. Es kann auf einen außergewöhnlichen Magnetismus hindeuten oder Charisma, die zu seinem Erfolg beitrugen. Und diese Qualitäten verdienen durchaus Anerkennung, obwohl sie sich von den Fähigkeiten unterscheiden, die für bedeutungsvolle Kunst notwendig sind.

Mein Interesse an genau diesem geschichtlichen Zeitpunkt besteht darin, jeden Pfeil in meinem Arsenal aufzufinden, um jedes Thema anvisieren zu können, dem sich ein Kreativer stellen muss. Ja, manchmal fehlen ihm Ideen. Aber ein Künstler als fruchtlose Einöde? Das ist eine Vorstellung, die ich niemals auf meinen Schaffungsprozess übertragen würde. Farmer und Gärtner verwenden den Begriff „unfruchtbar" in Bezug auf den Boden oder auf eine Saat, die nicht aufging. Es ist egal, ob das durch extremes Wetter hervorgerufen wurde oder durch die Tatsache, dass sie zu lange eine einzige Feldfrucht auf demselben Land anbauten – in diesem Kontext ergibt „unfruchtbar" einen Sinn. Das bedeutet, dass ein

Farmer oder ein Gärtner sich in anderen Bezügen auch mit Rückschlagen oder verheerenden Verlusten auseinandersetzen muss, doch „unfruchtbar" hat eine spezifische Bedeutung und ist für sie keine Täuschung. Weil „unfruchtbar" zu den Wörtern zählt, die für die längste Zeit, für Tausende von Jahren, mit dem Wert einer Frau gleichgesetzt wurden – die nicht in der Lage ist, Nachwuchs zu gebären –, beinhaltet die Wortbedeutung eine ungerechtfertigte Finalität.

Künstler haben keinen „beschränkten" Zugang zur universellen kreativen Kraft. Im Unterschied zu einem Farmer oder Gärtner, die nur ein Land von einer bestimmten Größe bewirtschaften, während der Rest sich erholt, unterliegen wir keinen Beschränkungen. Es ist einfach nicht so. Das Feld der universellen kreativen Kraft ist unendlich. Wir müssen uns radikal gegen den Aberglauben der kreativen Unfruchtbarkeit wehren, da diese Täuschung, wenn sie von einem Künstler angenommen wird, andere infizieren und sich ausbreiten kann. Die Menschen tauschen ständig Täuschungen und Fehlinterpretationen aus, und somit bleiben auch kreative Menschen davon nicht unberührt. Doch es existiert ein Weg nach vorn.

Beim Festlegen der Grundregeln kann mir ein Song helfen. Verschiedene Künstler haben unterschiedliche Vorgehensweisen, doch für mich müssen bestimmte Bedingungen ideal platziert sein. Die Welt der Geister verdient Respekt wie auch die Welt der Menschen. Die Absicht, etwas Neues zu erschaffen, muss deutlich sein. Wenn du klare Vorstellungen hast, musst du auch nichts befürchten. Natürlich gibt es auch einige Künstler, die sich gegen bestimmte Bedingungen aussprechen. Sie sagen, dass sie gegenüber allem offen seien – und ja, einigen gelingt es mit Hilfe alles nur Erdenklichen, etwas zu erschaffen. Ob mit der Hilfe von Drogen oder „alkoholischen Geistern" oder auch mit gar nichts. Doch wenn man keine Grenzen aufzeigt, können außerhalb liegende Kräfte in deinen Ort einfallen, und das kann Konsequenzen für das Beschwören von Songs nach sich ziehen. Meiner Erfahrung nach reagiert die Welt der Geistwesen auf Intentionen und Bedingungen und Grenzen.

Dennoch verhalten sich durchschnittliche Menschen weniger respektvoll gegenüber den Geistern. Was das Aufzeigen von Grenzen anbelangt, wird es immer Menschen geben, die deine Autorität infrage stellen – sogar die Autorität über das eigene Ich.

Der Song „Dātura" verbietet jedem mit destruktiven Absichten, den Garten zu betreten. Gleichzeitig sichert der Song den Pflanzen einen geschützten Ort ein, wo sie aufblühen und ihr Wissen mit den Aufnahmebereiten teilen können.

DĀTURA

Hey
get out of my garden
Hey You
get out of my garden

passion vine
texas sage
indigo spires salvia
confederate jasmine
royal cape plumbago
arica palm
pygmy date palm
snow-on-the-mountain
pink powderpuff
Dātura
crinum lily
st. christopher's lily
silver dollar eucalyptus
white african iris
katie's charm ruella
variegated shell ginger
florida coontie
Dātura
ming fern
sword fern
dianella
walking iris
chocolate cherries allamanda
awabuki viburnum

natal plum
black magic ti

mexican bush sage
gumbo limbo
golden shrimp
belize sage
senna
weeping sabicu
golden shower tree
bird of paradise
come in
variegated shell ginger
Dātura
lonicera
red velvet costus
xanadu philodendron
snow queen hibiscus
frangipani
bleeding heart
persian shield
cat's whiskers
royal palm
sweet alyssum
petting bamboo
orange jasmine
clitoria blue pea
downy jasmine
Dātura

is there room in my heart
for you to follow your heart
and not need more blood
from the tip of your star
is there room in my heart
for you to follow your heart
and not need more blood

from the tip of your star
is there room in my heart for you to follow your heart
and not need more blood from the tip of your star

Hey
get out of my garden

Dividing Canaan
Dividing Canaan
Dividing Canaan
piece by piece
Dividing Canaan
piece by piece
Dividing Canaan
oh let me see
Dividing Canaan
Dātura

ES EXISTIERT EIN WEITERER WEG, um die Täuschung durch das Wort „unfruchtbar" durchzustehen und hinter sich zu lassen. Menschen, die süchtig nach Macht sind, können durchaus in derselben Straße leben oder zur selben Schule gehen wie wir – oder sogar auf der Weltbühne spielen. Möglicherweise setzen sie die Vorstellung der kreativen Unfruchtbarkeit als Waffe ein, um den Künstler zu schwächen. Sie zielen besonders auf Künstler, da sie wissen, dass diese die Möglichkeit haben, wie kein anderer das Publikum auf eine bestimmte Art zu erreichen. Sie wissen es. Aber sie wollen auf gar keinen Fall Manipulator genannt oder als einer bloßgestellt oder zur Rechenschaft gezogen werden. Auch wollen sie nicht, dass man sie als jemanden durchschaut, der durch die Möglichkeiten absoluter Macht erregt wird. Das ist die nackte Wahrheit. Und sie wollen nicht in Songs dargestellt werden, in Gedichten, Artikeln, Büchern, Filmen oder durch den Tanz. Wenn also die Propaganda etwas über die „Schreibblockade" verbreitet oder „einen künstlerisch fruchtlosen Karriereabschnitt" – besonders wenn sich das auf Frauen bezieht –, wird diese vergiftete Propaganda überdimensional vergrößert. Dann wird die Vernunft übertönt und weicht einer möglichen Eventualität. Obwohl es sich hier um eine beabsichtige Projektion handelt, kann sich das unglücklicherweise schnell in eine sich selbst erfüllenden Prophezeiung verwandeln.

Wie wir den kreativen Prozess wahrnehmen, kann unsere Gedanken bestimmen, die entweder mit uns arbeiten, um Kunst zu kreieren, oder gegen uns, was sich natürlich gegen die potenzielle Kunst richtet, die wir erschaffen möchten. Gedanken können starke Hemmnisse darstellen, aber auch hilfreiche Mitverschwörer sein, sodass wir uns ihre Absicht genau anschauen und sie dann an der richtigen Stelle platzieren müssen. Ich habe mich bewusst dazu entschlossen, meinen Schöpfungsprozess als zyklisch zu betrachten. Falls ich ständig Songs schreiben würde, wann hätte ich dann Zeit, neue Ideen zu sammeln, die ich als Samen in meinem kreativen Garten aussäe? Der Hinweis, dass das Sammeln neuer Ideen nichts mit Glück oder Würfeln zu tun hat, ist nur angemessen und auch wichtig. Und ja, manchmal muss ein Kreativer auch eine Pause einlegen, obwohl mir manche erzählen, nicht schlafen zu können. Ich verstehe das und beneide manchmal Menschen, die problemlos in den Schlaf finden. Die Phase des Sammelns ist ein Wechselspiel zwischen Informationsaufnahme und einer Art von Winterschlaf – wo das Geheimnis der Ruhe und des Schlafes entdeckt werden wird.

Manchmal male ich – oder sollte ich lieber kritzeln sagen – meinen Schaffungsprozess buchstäblich auf Papier, um den ihn aus dem „Äther" zu befreien und zu etwas Fassbarem zu machen. Zeichne ich einen Kreis, mögen Winterschlaf/Heilung ein Punkt auf der Linie sein. Ein weiterer Punkt kann die Phase der Informationsaufnahme sein, gekennzeichnet durch Lesen oder Beobachtungen, und das führt mich unweigerlich zu einem Ort der Leidenschaft und der Geduld für die Recherche, die zum Sammeln der Aussaat für das Projekt überleitet. Dieser Prozess bildet die Basis für den letztendlichen Output oder das Austeilen, einem dritten Punkt auf dem Kreis. Hier vereinen sich alle Elemente des Songs, und der klangliche Garten beginnt sich zu offenbaren. Das bringt mir die Energie und die Endorphine, wodurch der Kreis zu rotieren beginnt und noch mehr Energie generiert. Der vierte Punkt auf dem Kreis beschreibt die Synchronisation der musikalischen Aufnahme und der Abgabe, die wie das Ein- und Ausatmen im Einklang miteinander sind. An dieser Stelle wird ein Künstler zu einem Gefäß, das gleichzeitig inspiriert wird und weitergibt, sich also – metaphorisch – füllt und entleert. Das offensichtlichste Beispiel dieser Kunstform findet sich bei meinen Konzerten.

All diese Prozesse sind Teile des sich entwickelnden Zyklus eines Projekts.

Und wenn wir auf Tour sind, können sich alle vier Punkte an nur einem einzigen Tag realisieren.

Zu behaupten, dass es keine Frustrationen gäbe oder auch Rückschläge, entspräche nicht der Wahrheit. Ehrlich gesagt, muss ich mir dann die Zeit nehmen, um all die Details zu entflechten und die Auswirkungen zu untersuchen, die jede Komponente auf das gesamte Stück hat. Nur dann kann man sich dem Stück nähern und etwas verändern. Möglicherweise muss ich die generelle Ausrichtung ändern, um aus einer Sackgasse zu kommen, in der ich oder ein Mitglied des Teams stecke. Das Paradox der Nutzung des Worts „ändern" in diesem Kontext besteht darin, dass ein vitaler Aspekt des Musikmachens darin besteht, sich mühelos von „einer Veränderung zur nächsten hin" zu bewegen, also von einem Akkord zum nächsten. Es ist eine Suche. Es ist die Magie. Eine „Veränderung" kann sich klammheimlich einschleichen, indem man einem Akkord Noten hinzufügt, wodurch sich eine weitere Veränderung oder ein anderer Akkord ergibt. Die Kurzschrift-Sprache in einem Studio lautet manchmal: „Und was für ein Wechsel wird in Takt 72 gespielt?" Diese Veränderungen sind Akkorde, zusammengesetzt aus bestimmten Noten, die zu den Grundpfeilern der Musik gehören.

Im Kontext der Musik kann man sich niemals den Veränderungen, also den Akkordwechseln entziehen. (Ganz im Gegensatz zu: *Du musst dein Verhalten ändern, junge Dame* oder: *Ich brauche eine Veränderung in meinem Leben, um dieser bedrückenden Situation zu entfliehen*, denn hier gibt es auch die Möglichkeit zur Stagnation.) Manchmal fragt ein Musiker: „Können wir diesen schrecklichen Wechsel abändern?" Der Komponist antwortet dann meist: „Das ist ein absichtlich ‚missklingender' Wechsel, und er unterstreicht die Handlung." Vielleicht sagen der Komponist oder der Arrangeur auch: „Natürlich gehört das da nicht hin. Du lieber Himmel – kann man das glauben? Der Fehler muss bei der Transkription der Noten entstanden sein." Und dann lachen alle und spielen das Stück weiter. (Wir alle schreiben manchmal einen wahren Fiesling von einem Akkordwechsel, der auf einem Piano oder Keyboard zu funktionieren scheint, bis man die Passage bei einem anderen Instrument hört, für die es eigentlich geschrieben wurde, was dann aber wie ein *Autsch!* klingt. Am besten dann verändern.)

Wechsel in der Musik funktionieren miteinander, auch wenn sie eine beabsichtigte Spannung evozieren. Zusammen zielen sie auf eine Transzendenz ab.

Ein Wechsel/Akkord ist nicht weniger bedeutend als ein anderer Wechsel/Akkord. Meiner Erfahrung nach hat jede einzelne Noten-kombination ihren Wert und spielt eine bestimmte Rolle. Möglicher-weise hört man einen Akkord weniger häufig, oder er ist nicht so „schmeichlerisch" fürs Ohr wie eine andere Noten-Kombination, doch jeder kann genutzt werden. Es sollte kein Wettstreit sein, wer einen schrägen Akkord am geschicktesten einsetzt, obwohl sich einige von uns vom Befremdlichen anziehen lassen oder dem, was allgemein als dissonant bezeichnet wird. In diesem Kontext ist ein „Wechsel" von einem Akkord zum nächsten nicht dazu gedacht, etwas besser klingen zu lassen; vielmehr ist es eine Art Rotation ähnlich derjenigen der Planeten und wie sie sich auf diese auswirkt.

Musiktheoretiker können dabei helfen, die Sprache der Töne besser zu verstehen. Doch ich kenne auch Leute, die tolle Songs schreiben und sich kaum mit der Theorie auseinandergesetzt haben. Heutzutage empfinde ich Musiktheorie als recht nützlich und über-haupt nicht langweilig. (Für mein Teenager-Ich war sie eine Schlaf-tablette.) Doch die Musiktheorie ist eine Sprachform, und wenn man sich damit ernsthaft beschäftigt, kann sie eine Welt für sich darstellen, ein Abenteuer.

Ich hoffe innig, dass dieses Buch ein Begleiter und eine Quelle für Künstler wird, und für die Leute, die diese schätzen. Meine Intention lag darin, die Reise eines Künstlers ehrlich darzustellen. Das Buch ist sicherlich nicht für vorsichtige und ängstliche Menschen geeignet. Jedes Wort zielt auf die Unterstützung von Künstlern ab und ist dazu gedacht, die dämonische Gedankenwelt der paralysierten Kreativität zu bekämpfen.

Mutter Natur ist durch die Jahreszeiten und Zyklen ein wichti-ges Spiegelbild und inspiriert meinen künstlerischen Prozess. Sie ist unsere spirituelle Mutter und braucht all ihre Künstler, um nach vorn zu treten, die, die ihre eigene Stimme finden und in diesen aufwühlenden Zeiten schöpferisch tätig sind. Ja! Wir müssen die Destruktion „weg-kreieren". Es ist der einzige Weg. Denn die Destruktion kann besitzergreifend sein, und deshalb muss sie „weg-kreiert" werden. Gemeinsam. Und wir werden gemeinsam aus dem Bauch des Biests emporsteigen.

CLIMB

„climb over the church wall" he said
„you can feed the koi in the pond
climb over the church wall in your Sunday dress
be sure to feed the koi in the pond"
It's a long long climb going back in time

all of me wants to believe
that the angels will find me Saint Veronica
all of me wants to believe
that somehow you will save me Saint Veronica

he said „kneel before your judges in reverence
your penance for the woman you'll become
you knew if you talked there'd be a consequence
your sentence for the woman you'll become"
ten days of hell in Satan's cell

all of me wants to believe
that the angels will find me Saint Veronica
all of me wants to believe
that somehow you will save me Saint Veronica

dream of dimensions
then cross through the veil to them
wrap yourself in linen holding Jesus close
calling Saint Veronica

„climb out of the belly of the beast" she said
„become a witness out of the abyss
the temple of the soul will have to heal the flesh
only when you're whole can you forgive
but it's a long long climb"
it's a
long
long
climb

DANKSAGUNG

ZUERST MÖCHTE ICH meinem Lektor Rakesh Satyal danken, weil er daran glaubte, dass ich dieses Buch schreiben kann. Ich vermisse unsere endlosen Gespräche. Dank gilt auch meinem Manager John Witherspoon, der im letzten Stadium das Buch mit mir Zeile für Zeile durchging. Dank gilt auch „Ehemann", der meinte, er würde das Buch nicht kaufen, wenn sich darin keine Bilder fänden, und Tash für ihr Verständnis und die Geduld, sich alle Fassungen in den letzten zwei Jahren angehört zu haben.

Ich bedanke mich bei Dr. Marie Dobyns für ihre Genauigkeit. Zusätzliche Informationen zur Familie stammen von Tim und Beth Amos, Karen und Keith James, Jane und Steve Broddle und Tantchen Joyce. Ich möchte mich bei denen bedanken, die mich während der Niederschrift ermutigt und unterstützt haben, meinen Nichten und Neffen und ihren Partnern Cody und Marco, Casey und Rachel sowie Kit und Sarah, Cory und Angela sowie „last, but never least" Kelsey Dobyns.

Dank gilt auch Kavita Kaul, die mich dazu brachte, ihr meine Texte zu rezitieren. Nicht vergessen möchte ich die „Einheit" der Cheerleader Mike und Kathleen Dugan, John Bobb und seine Gang, Mary Ellen Bobb und Al sowie Gail Tacconelli.

Ich bedanke mich bei Neil Gaiman für seine Ermutigung. Für ihr sprichwörtliches Vertrauen danke ich Super Debs, Lara Thorne, Adam Spry und Christine Espley. Dank gilt meiner unverwüstlichen Karen Binns. Vielen Dank auch für die überaus geschätzte Freundschaft mit Nancy Shanks (Beenie). Besonders möchte ich mich bei allen bedanken, die mich während meiner Karriere unterstützt haben (da gibt es so viele) – ihr wisst, dass ihr gemeint seid.

Bei meinem Vater bedanke ich mich für seine Hartnäckigkeit all die Jahre hindurch und dafür, dass er immer zu mir stand. Dank gilt den wunderbaren Frauen, die sich um Mutter Mary gekümmert haben und sich nun um Ed kümmern – Olive Glen, Yvonne Edwards, Janice Douglas und Magon Wilson.

Dank an all die, die mir seit fast 30 Jahren Briefe schreiben und mir Einsicht in ihr Leben gewähren.

Ich möchte mich bei Carole Kinzel von CAA und Mike Dewdey bei ITB in London dafür bedanken, dass sie mich die drei letzten Jahrzehnte auf Tour schickten und ich dabei all die verrückten Meilen erleben durfte. Dank gilt auch folgenden Personen: meiner immer an mich glaubenden Crew und den anderen Troubadouren und Kollegen. Meiner Literaturagentin Mollie Glick von CAA. Susan Tucker von Rehmann Robson für all die Unterstützung. Den Schwestern aus der Schwitzhütte in Seattle. Meinen spirituellen Schwestern und Brüdern, deren Gebete mich zum Durchhalten ermutigten. Und – wie immer – Curtis Kekahbah.

Alle meine Dankbarkeit gilt den Musen, den Song-Beings und dem Piano.

∤ ∤ ∤

Fotonachweise, Anerkennung und Dankbarkeit: Billy Reckert, Alison Supple Evans, Chelsea Laird Mitchell, Jenni Clark Keyes, Eric Keyes, John Witherspoon, Tori Amos, Jenn Daranyi, Karen Binns, Mark Hawley, Dr. Marie Dobyns, Kavita Kaul, Barry Lee Moe und Mindi Pelletier.

REFERENZEN

Die folgenden Quellen halfen mir bei der Komposition dieses Buches und führten mich in die sachlichen Zusammenhänge ein (nach Themen geordnet).

The United States Air Force/airforce.com
Col. James H. Kyle and John Robert Eidson, *The Guts to Try: The Untold Story of the Iran Hostage Rescue Mission by the On-Scene Desert Commander* (Ballantine Books, 1995)
Mark Bowden, „The Desert One Debacle", *The Atlantic* (May 2006)

Rape, Abuse and Incest National Network/RAINN.org

United Nations Population Fund/UNFPA.org
World Health Organization/who.int
Centers for Disease Control and Prevention/cdc.gov

Emma Lazarus, „The New Colossus"

Edgar Allan Poe, „The Raven"